これからの東アジア

保護主義の台頭とメガFTAs

Fukunari Kimura

木村 福成

［編著］

文眞堂

はしがき

　本書は，東南アジア諸国連合（ASEAN）とそれを取り巻く東アジア・アジア太平洋の経済統合について，さまざまな角度から検討した共同研究の成果を報告するものである。

　東アジアは 1980 年代後半以降，急速に進行したグローバリゼーションの流れに積極的に関与し，新たな国際分業形態であった生産工程・タスク単位の国際分業すなわち第 2 のアンバンドリングに参加して Factory Asia の地位を確立し，急速な経済成長と貧困撲滅に成功してきた。そして 2010 年代半ばからは，さらなる情報通信技術（ICT）の浸透とともに，もう一段上のグローバリゼーション，越境サービス・アウトソーシングすなわち第 3 のアンバンドリングが始まりつつあった。しかし一方で，Brexit と米トランプ政権成立を契機にグローバリゼーションに抗する動きも顕著となり，米中貿易戦争が始まり，これまで政策環境の安定をもたらしてきた「ルールに基づく国際貿易秩序」が大きく揺らいできた。

　そして今年（2020 年）になって新型コロナウイルス（COVID-19）が襲いかかってきた。東アジアにおける感染状況は今のところ他地域よりも相対的に軽微であるが，しかし各国とも感染拡大防止のための緊急対応策を講じなければならなくなった。さまざまな形のソーシャル・ディスタンシングによって経済活動の一部は停止を余儀なくされ，人々の日常生活にも大きな支障が生ずるようになった。感染を一定程度に抑え込んだ後にやってくるのは 12 年前の世界金融危機をはるかに上回る需要ショックである。この難局をいかに乗り切っていくかが問われることとなる。

　そして人々は新常態（new normal）の到来を思い描くようになってきた。新常態は，全く新しい構成要素から成るというよりは，COVID-19 以前に始まっていた趨勢をむしろ加速する形で作り上げられるものと考えられる。我々は 3 つの大きな変化に直面していた。第 1 は，実体経済におけるグローバリ

ゼーションのさらなる進行である。世界はまだ全く「フラット」と言える状況
にない。不均一性を抱えた世界はさらなる技術革新の中でグローバル化を進め
る余地を大いに残している。第2は，グローバリゼーションに逆行する政治
的・地政学的な動きである。先進国における反グローバリズムの台頭，中国を
はじめとする新興国の勃興，そして狭義の通商問題を超える米中貿易戦争は，
今後もさらに先鋭化した形で続いていくことが予想される。第3は，ICTの
さらなる浸透である。COVID-19は，先進国，新興国・発展途上国を問わず，
経済社会のさまざまな場面へのICT導入を加速している。これら3つの趨勢
は新常態においても重要な構成要素となっていくはずである。

　本書の草稿の大部分はCOVID-19到来以前に執筆されたものであり，即時
的なフォローアップが十分でない点は認めざるを得ない。しかし本プロジェク
トはもともと，時事的話題を逐次追跡するというよりは，東アジアにおける
経済統合を大きな流れの中で理解し，さまざまな学問的ディシプリンを有す
る研究者の目でその性格を浮き彫りにすることを目的とするものであった。政
策論が大きな混乱を来し，これまで常識と考えられてきたことが簡単に覆され
てしまう今こそ，考え方の基礎に立ち返って確固たる視座を確立していくこと
が求められる。本書では，国際貿易論，国際通商政策論，国際政治学の専門家
がそれぞれの立場から東アジア経済統合をとらえる視点を提示し，それを踏ま
えてASEAN経済統合，自由貿易協定網の形成，連結性の強化，新興国ベト
ナムの国際通商戦略の有する意味を論じている。全編を通じての基本的なメッ
セージは，東アジア諸国はこれからもグローバリゼーションを積極的に活用し
ながら経済発展を遂げていくべきであり，そのためには保護主義に対して抵
抗を試みていかねばならず，またメガFTAs等を通じて貿易・投資の自由化
を支持する国の輪を広げていくべきということである。本書は，時事的話題を
追うにとどまらずそれらを正しくとらえる視座を提供しているという意味で，
COVID-19後の東アジアを考える上でも十分に有効な議論を展開しているも
のと考える。

　本書の各章はそれぞれの専門の立場から安易な妥協なく記述されている。読
者は，ある分野には精通していても，それ以外の部分を掘り下げて読むのには
少々苦労するかも知れない。しかし，これからの東アジア経済統合を考えてい

く上でこれらさまざまなディシプリンからのアプローチは不可欠であり，じっくりとお読みいただくことによって得られるものも大きいはずである。その意味で本書は，単なる教養の書，レポート課題のための参考書としてお使いいただくにとどまらず，フォーマルな授業の教科書あるいは集中力を有する輪読の用にも立てるものと考えている。

　本書の構想は，うめきたグランフロント大阪に本拠を置く一般財団法人アジア太平洋研究所（APIR）の研究プロジェクト「2015 年度アジア太平洋地域の政治・経済的協力のあり方」，「2016 年度環太平洋経済連携協定（TPP）と東アジア経済統合」，「2017 年度アジア太平洋地域における FTA と EPA のあり方」の下で練られていった。2017 年に故人となられた林敏彦元研究統括には，APIR の活動にお誘いいただき，機会あるごとにアジアあるいは世界における大阪・関西の役割についてご教示いただいた。本書の出版により，ようやく学恩の一部をお返しできる。APIR 内の活動においては，引き続き岩野宏代表理事，宮原秀夫理事・研究所長，猪木武徳研究顧問にご指導ご鞭撻をいただいている。研究会の運営等に関しては，藤田真知子さん，藤崎敦さん，野上康子さん，池田宏さんにお世話になった。この場をお借りして感謝申し上げる。また，本書の執筆者の皆様には，当方の仕事の遅さからご迷惑をおかけしたが，最後までご協力いただいた。

　最後に，厳しい出版事情の中，本書の刊行を快諾してくださった文眞堂社長の前野隆氏，編集の労をとっていただいた前野眞司氏に，心より感謝申し上げたい。

2020 年 7 月

木村　福成

目　　次

第1章
嵐の中の東アジア経済統合：現状と展望

　米トランプ政権の登場以降，世界の国際通商政策体制は大きく揺れ動いている。第二次世界大戦以降営々と築いてきたルールに基づく国際貿易秩序に対し，超大国米国がルールセッターとしての役割を放棄し，ルールよりもディールを前面に出した貿易政策を採用するようになったことは，世界に大きな衝撃を与えている。これが一時的な後退であるのか，それとも中長期にわたる大きな構造変化の始まりなのか，見定めるにはもう少し時間が必要である。しかし，いずれにせよ，繁栄する我々の東アジア地域としては，これまで進めてきた経済統合を振り返り，その意味を再確認し，今後の進むべき道を探ることが求められている。

　北東アジアと東南アジアを含む東アジアは，1980年代後半以降，世界に先駆けて機械産業を中心とする国際的生産ネットワーク（IPNs）あるいは生産工程・タスクを単位とする国際分業すなわち第2のアンバンドリングのメカニズムを積極的に利用し，持続的な経済成長と迅速な貧困撲滅を実現してきた。それを可能とするために不可欠であったのが，ルールに基づく国際貿易秩序である。東アジア諸国が北米市場やヨーロッパ市場に製品を輸出する際には，世界貿易機関（WTO）によって課された政策規律に基づく各国の貿易政策の下，安心して取引をすることができた。東南アジア諸国連合（ASEAN）諸国の多くには関税率オーバーハング，すなわちWTOベースで約束している最高関税（最恵国待遇（MFN）譲許関税）よりもはるかに低いMFN実行関税が設定されていたが，紛争解決を含むWTOベースの政策規律が貿易・国際通商政策の安定性をもたらしていた。東アジアはWTOを頂点とするマルチの国際貿易秩序にいわばフリーライドしてきた。今，それが根本から揺らぎつつあ

る。

　米中貿易戦争の ASEAN への影響としては，地域経済統合（RTAs）が域外国に及ぼす経済効果とちょうど反対に，負の貿易創出効果と正の貿易転換効果がもたらされている。ベトナムのように，後者の効果を巧みに利用し，対内直接投資の受け入れを加速し，輸出の伸長に成功している国もある。しかし中長期的には，ルールに基づく国際貿易秩序の後退が国際的生産ネットワークの拡大・深化を阻害し，負の影響がもたらされる可能性が高い。今後も世界の貿易秩序の混乱が予想される中，東アジアは何をすべきなのか。まず，WTO の紛争解決の場，自由化交渉の場としての復権について，これまでのようにただ傍観するのではなく，積極的な役割を果たすことが求められる。それに加えて考えるべきは，東アジア地域で展開されている自由貿易協定（FTAs）あるいはメガ FTAs をいかに活用するかである。

　混乱する世界経済秩序とそれに対する日本あるいは東アジアの対応については，本書の執筆陣を含む国際通商政策と東アジアの専門家グループがさまざまなフォーラムを通じて議論を重ねてきており，折々に最新の情報を流し，また政策提言を発信している。文眞堂からは，昨年末には筆者も編者の一人に加えていただいた馬田・浦田・木村・渡邊（2019）を上梓させていただいている。そこでは，16 名の専門家が執筆時点での最新情報をフォローしながら，さまざまな角度から国際通商政策秩序の変質を論じた。また同じタイミングで石川・馬田・清水（2019）も出版され，こちらは 14 名の政策ウォッチャーがアジアをめぐる通商秩序と経済統合の現状を解説している。直近の動向についてはこれらの本をご覧いただくとして，本書ではもう少しカメラを引き，複数の異なる学問分野からしっかりと理解しておくべき理論上の基礎を提示し，東アジア経済の大きな流れをつかみ，将来を展望するための視座の確立に貢献したいと考えている。

　続く 3 つの章では，直近の問題を考えるための準備として基本的な学術的アプローチを確認するために，国際貿易理論，ルールに基づく国際貿易体制，経済統合と安全保障の関係という 3 つの視点からの基本的な考え方を提示している。

　第 2 章「なぜ自由貿易を目指すべきなのか：国際貿易論の視点」（阿部顕

三）では，国際貿易理論の基礎に立ち返り，なぜ自由貿易が望ましいのか，それはどのような論理的根拠に基づいて主張されているのかを，丁寧に解説している。経済学的論理を理解しようとせずに単に「自由貿易にはいいところと悪いところがある」，「自由貿易によって得する人も損する人もいる」と考え，全ては政治的バランスで決まるなどと思ってしまうのは，大変危険である。経済学者が自由貿易を支持する背景にはそれなりのロジックがある，そのことを理解してもらうのが，この章の目的である。まず，各国の貿易政策が国全体の利益を表す「社会的厚生」を最大化する目的で策定・施行するものと考え，その観点から自由貿易がどのように正当化されうるのかにつき，明解な解説を加えている。さらに，自由貿易に反対する代表的なケースを複数取り上げ，それらの主張が成り立つ前提および設定を明確にし，そして多くの場合，保護貿易が正当化されるような状況の蓋然性は低いことを明らかにしている。

第3章「国際通商秩序の危機とメガFTAs：貿易ルールの視点」（木村福成）では，第二次世界大戦後70数年かけて構築されてきた国際貿易ルールを取り上げ，その経済学的論理との親和性を議論しつつ，それが世界経済のグローバリゼーションの必要条件の1つであったと主張する。そして，それが危機にさらされる中，メガFTAsにできることは何か，かつてはマルチルールの根幹である無差別原則と真正面から対立するものとみなされてきたRTAsだが本当にそうなのかにつき，議論を展開している。

第4章「東アジア経済統合と安全保障の連関：国際政治学の視点」（湯川拓）では，貿易と安全保障の間，あるいは自由貿易協定（FTAs）と安全保障の間の因果フローを国際政治学の学術的文脈でサーベイし，さらにそれらが東アジアにおいてどの程度妥当であるかにつき，注意深く考察を加えている。ひとつの大事な示唆は，東アジアでは，少なくとも政治的対立が極度に悪化しない限り「政冷経熱」が成り立ち，経済関係の深化が継続してきたということである。また，米国の東アジアへの関与という意味では安全保障と経済統合の明確なリンクが存在したが，トランプ政権成立後は安全保障を脅しに貿易政策で優位な立場に立とうとの意図も認められる。今後の米中対立の行方とも関連し，東アジアにおける貿易と安全保障の関係は変質していく可能性もある。

続く4つの章では，各論に入りつつも，時事的な話題を追うというよりは，

直近の動きを理解する上で有用な視座の提供を試みている。

第5章「ASEAN 経済統合の深化とアメリカ TPP 離脱：逆風の中の東アジア経済統合」（清水一史）では，ASEAN に先導されて進んできた東アジアにおける経済統合の歴史的経緯をたどり，現在の国際通商秩序の混乱の中で進む経済統合がどのような文脈で展開されているのかを明らかにしている。東アジアの経済統合が，少なくとも建前上は ASEAN を中心に動いているとの視点を確認しておくことは重要である。交渉中の東アジア包括的経済連携協定（RCEP）を中国主導のフォーラムと解釈してしまったのでは，米中貿易戦争の中，文脈を大きく読み誤る。環太平洋パートナーシップに関する包括的及び先進的な協定（CPTPP）を含め複数のメガ FTAs が構築されている東アジアにおいて，ASEAN は自らが「運転席」に座っていることの意味をよく理解して自らの統合深化と RCEP 締結を達成しなければならないし，日本もそれを支援していかなければならない。

第6章「拡大アジア太平洋における FTA と日本企業」（椎野幸平）では，地理的スコープをアジア太平洋地域に広げ，同地域における既存FTAsとメガ FTAs 設立の試みについて，特に企業活動に対する影響に注目しながら概観している。そこでは，五月雨式に交渉，締結，発効に至っているメガFTAs を詳細に検討しながら，それをビジネスに活用していこうとする民間企業のダイナミズムが活写されている。メガ FTAs が単なる政治的メッセージを超えて経済効果を生むためには，しっかりと自由化を推し進め，国際ルール作りにも貢献して，創造的な企業活動のために安定した政策環境を提供することが肝要である。そのためには，本章のようなメガ FTAs の事前的・事後的評価は重要であるし，政策決定者はそれを真摯に受け止め，よりよい国際貿易秩序を築いていく必要がある。

残りの2つの章は，国際貿易秩序が変質していく中で特に大きな変貌を遂げつつあるベトナムに重心を置きながら，経済統合をめぐる直近の動きを論じている。第7章「ASEAN 連結性強化と産業立地の変化：米中貿易戦争によるベトナムへの投資加速」（春日尚雄）は，ASEAN，メコン地域，そしてベトナムにおけるハード・ソフトの輸送インフラ整備の現況をサーベイし，それが産業立地とりわけ外資系製造業企業の誘致にどのように寄与しているかを評価し

ている。ASEAN においては，経済統合の展開と連結性（connectivity）の強化は表裏一体の関係にある。メコン地域のハード・ソフトの輸送インフラ整備は，地域内の発展格差の縮小に大きく貢献してきた。発展戦略における連結性の強調は，ASEAN の経済発展において，日系を含む多国籍企業が展開する国際的生産ネットワークの拡大・深化が極めて重要な役割を果たしてきたことにも拠っている。ASEAN 諸国の中で後発に当たるベトナムは，タイをはじめとする先行国の事例から多くを学びながら，インフラ整備を先取りし，効率的な産業集積形成を進めている。

　第 8 章「大改革進むベトナムの経済統合戦略：EU との FTA 発効を目指して」（Cao Thi Khanh Nguyet）では，特にベトナムと欧州連合（EU）の経済関係と FTA 締結に焦点を当て，近年のベトナムの積極的な経済統合戦略を論じている。ベトナムがどのような文脈で EU との FTA を進めていったのか。ベトナムの視点に立ってみると，ヨーロッパとの関係は歴史的にも深く，また貿易もベトナムの輸出超過で，かつベトナムへの対内直接投資の源泉としても重要であり，その意味でナチュラルな FTA パートナーであったと言える。一方で，ベトナムの対 ASEAN 貿易の対世界貿易に占める比率は 12%（2018年，ASEAN 事務局データ）と小さく[1]，ベトナムの ASEAN における立ち位置は独特のものであることがわかる。CPTPP にも参加しているベトナムは，複数のメガ FTAs のハブとなりながら，国内改革を推進しようとしている。

　以上のように本書は，東アジアにおける経済統合の方向付けを考える上で前提とすべき諸点につき，学際的かつ中期的な視野から議論している。米国の貿易政策や米中貿易戦争の行方は，今年（2020 年）末の米大統領選の結果にも関わり，予想は難しい。しかし，誰が米大統領になるにせよ，国際貿易秩序の混乱は続いていく可能性が高い。日本および東アジアは，そのことを踏まえつつ，経済統合戦略を推し進めていかねばならない。

注
1）ちなみに，ASEAN 全体の域内貿易の対世界貿易に占める比率は 23%（2018 年，ASEAN 事務局データ）である。

参考文献

石川幸一・馬田啓一・清水一史編（2019）『アジアの経済統合と保護主義：代わる通商秩序の構図』
　　文眞堂。
馬田啓一・浦田秀次郎・木村福成・渡邊頼純編（2019）『揺らぐ世界経済秩序と日本：反グローバリ
　　ズムと保護主義の深層』文眞堂。

（木村　福成）

第2章
なぜ自由貿易を目指すべきなのか：
国際貿易論の視点

はじめに

2017年1月にトランプ氏が米国大統領に就任して以降，米国の貿易政策は保護主義的な動きを見せている。米国は交渉参加国による署名まで行われた環太平洋経済連携協定（TPP）から離脱し，TPPは発効に至らなかった。その後，2017年11月に米国を除いた包括的及び先進的な環太平洋パートナーシップ協定（CPTTP）が合意に至り，2018年3月8日に署名が行われた[1]。同日，トランプ大統領は鉄鋼やアルミニウムに対する関税賦課を命じた文書にも署名した。その後も，米国は中国やEUに対して関税の引き上げを行い，またその対抗措置が取られるなど，関税戦争は激化の様相を見せている。このように，世界は現在，自由化を推進する動きと保護主義的な動きが共存している状態である。

戦後はGATT/WTOによる多角的な貿易交渉を通じて，また特に90年代以降には地域貿易協定を通じて貿易の自由化が進展してきた。そこには貿易や投資の自由化が各国の経済活動を活性化させ，実質所得の増大を通じて，自由化を行う国々の国民の利益となるという考え方があったはずである。保護主義的な動きが出てくる中で，再度，貿易自由化の意義を確認することは非常に重要な作業である。

伝統的な国際貿易論では，国内外の競争的な市場が想定され，貿易や貿易自由化の利益が説明されてきた[2]。完全競争的な市場のもとで自由に経済取引が行われれば，「神の見えざる手」によって効率的な資源配分が達成されるこ

とが知られている。貿易の自由化は，関税や数量制限などによって制限あるいは制約された経済取引をより自由にすることで，市場における競争を通じてより効率的な資源配分に近づけていくことができると考えられてきた。

　しかし，ここで言う「より効率的な資源配分」が何を意味しているのかが，一般には十分に理解されていない。効率化という言葉は，非効率なもの，あるいは人を切り捨てるという印象を強く与えるために，それが国民の利益にかなっているのかという批判が多々ある。そこで，次節ではまず，経済の効率性は国民個々人の利益を集計した社会的厚生という概念で定義されていることを説明する。すなわち，経済学で言う効率性は，通常，経済全体の利益を表している。

　次に，第2節では，貿易の自由化が経済の効率性，あるいは社会的厚生を高める要因や理由を考察し，なぜ貿易自由化が望ましいのか，その理由を明らかにする。貿易の自由化は，単に輸入品が安く買えるようになるという理由だけで望ましいわけではない。国際貿易論は，貿易自由化によって生産性が向上し，実質所得が増大するという側面にも注目してきた。その生産性の向上も，産業間の生産調整，産業内の企業間競争，企業内の国際的分業などを通じてもたらされることが知られている[3]。

　他方で，貿易自由化に反対する考え方も少なからず見受けられる。第3節では，そのような考え方を紹介するとともに，望ましい政策について考察する。第1に，自由な経済取引が効率的な資源配分を達成するためには，すべての市場が競争的でうまく機能していなくてはならない。市場が競争的であってもその国の貿易取引量が多ければ，国全体としては価格支配力を持ち，貿易政策などの保護的な政策によって国際価格を自国により有利な水準に操作することができるかもしれない。また，市場自体が非競争的である場合には，個々の企業が価格支配力を持つため，自由な貿易取引自体が効率的な資源配分をもたらすわけではなく，保護政策が正当化されることもある。しかし，一国の観点から見るのではなく，貿易の当事国すべての利益を考えると，保護的な政策が正当化されるわけではない。

　第2に，財の市場ではなく，生産要素市場，特に労働市場が正しく機能していない場合には，自由な貿易取引によって効率的な資源配分が達成されないだ

けではなく，所得分配の不平等が増してしまうかもしれない。自由化によって
輸入競争産業で失業が発生すれば，効率的な資源配分は達成されない。また，
それによってタイプの異なる労働者間，産業間，あるいは地域間などさまざま
な賃金格差が発生すれば，所得分配の不平等化が生じてしまう。しかし，貿易
自由化は財市場での歪みを取り除くものであり，直接に労働市場と結びついて
いるわけではない。したがって，労働市場で生じる問題はまず国内のマクロ政
策や労働政策で解決を図ることが重要である。

1. 国全体の利益の指標

⑴ 貿易自由化の評価指標──社会的厚生

　貿易の自由化に対しては，さまざまな視点や立場から賛否両論がある。一般
に，ある政策が望ましいかどうかを検討する際には，まず個別の視点から評価
を行い，最終的には総合的な観点から評価がなされるであろう。個々の視点に
は政治，経済，文化等さまざまな視点があるが，本節では，経済の視点から貿
易自由化がもたらすメリットやデメリットを考察する。

　関税や輸入数量制限などの貿易政策は，個別の産業に対してそれぞれ適用さ
れる。したがって，国は特定の産業を保護するために貿易政策を用いることが
可能である。そこで貿易自由化とは逆に，保護主義的な政策が取られることが
ある。たとえば，厳しい国際競争に直面し，国内生産が縮小しているような産
業を救済するために，政策手段のひとつとして関税を課すことが考えられる。
現在のトランプ政権のもとでも，不公正な貿易への対抗や安全保障上の必要性
という理由で関税の引き上げが行われているが，国内の輸入競争産業を守ると
いう側面が強い。

　一国の経済はさまざまな産業から構成されており，特定の産業を守ることが
一国の利益につながると考えられなくもない。しかし，経済全体から見た場
合，ある産業を守り，そこに労働や資本などを投入することは，他の産業にそ
れらを投入することができなくなることを意味する。したがって，ある産業を
守ることは他の産業の拡大や成長に制約をもたらすことになる。経済の中では

さまざまな産業が直接，間接につながりをもっており，一国全体の利益をどのような基準で測ればよいのかについて整理しておく必要がある。

　経済学では社会的厚生（あるいは経済厚生）という概念を用いて「効率性」の水準を定義し，国，地域，あるいは世界にとっての利益，あるいは不利益を評価する。たとえば，一国の社会的厚生を取り上げてみよう。ひとつの国の中には多くの国民が存在するが，一人ひとりの国民を消費者として考え，その国に住むすべての消費者の効用を集計したものをその国の社会的厚生として捉える[4]。貿易自由化によってその国の社会的厚生が高まるのであれば，貿易自由化はより効率的な資源配分をもたらし，その国にとって望ましいと考えられる。また逆に，それが低下すれば望ましくないと考える。同様にして，地域や世界の社会的厚生もその中の消費者の効用を集計したものとして定義し，自由化が地域あるいは世界にとって望ましいかどうかを評価することができる。

　社会的厚生は特定の集団の利益を表すものではなく，国，地域あるいは世界の人々全体の効率性や利益を表すものである。ひとつの国の中には労働者，資本家，経営者など異なる集団が存在する。また，労働者も様々な産業や企業で働いており，産業や企業別の労働者をひとつの集団として捉えることもできる。しかし，労働者であれ，資本家であれ，一人の消費者であることには違いはない。様々な国民を消費者として考え，その効用を集計した社会的厚生で国全体の利益を測ることは妥当であると考えられる。

(2)　社会的厚生を決める要因

　社会的厚生を上述のように定義するとしても，それを構成する個々の消費者の効用が何によって決まるかを考える必要がある。経済学では，伝統的に人々の効用は財やサービスの消費量に依存すると考えてきた。財やサービスの消費量が増加すれば効用も高まると想定している[5]。

　市場経済の下では，消費者個々人が自分の消費を決定している。消費者は，自分が消費に使うことができる所得を制約として考え，各財やサービスの価格を見て，自分の効用を最大にするように何をどれくらい購入，消費するかを決めているとしてみよう。このとき，各消費者の財やサービスの消費量は，それの価格や各消費者の所得に依存して決まる。各消費者の効用は消費量に依存し

ているので，結局，各消費者の効用は価格や所得に依存して決まると考えられる。

　国際貿易が行われている場合，価格を国際価格と国内価格に分けて考える必要がある。たとえば，輸送費や輸送の際の保険料などがある場合や関税などの貿易政策がとられている場合には，国内価格は国際価格よりも高くなる。消費者はその国の国内価格で財を購入しなければならいので，消費者は国内価格を見て消費量を決定する。ある財の国内価格の下落によって，消費者がその財をより多く消費したり，その財への支出の節約分を他財の消費に回すことで他財の消費が増加すれば，消費者はより高い効用を得る。

　また，個々の消費者の効用水準に影響を与えるのは，名目所得ではなく実質所得である。たとえば，名目所得が2倍になっても，すべての名目価格が2倍になっているとすると，消費者が購入できる財やサービスの数量は変化せず，消費量も変化しないであろう。実質所得が上昇し，購入可能な財やサービスが増加することで，効用水準は高まる。

　さらに，社会的厚生はすべての消費者の効用を集計したものである。そこで，ここでは財の価格やすべての消費者の実質所得を集計した値が社会的厚生に影響を与えると仮定しておく[6]。ただ，実質所得の集計値が増加したとしても，あるグループの人々の実質所得が大幅に増加し，他のグループの人々の実質所得が減少しているかもしれない。したがって，実質所得の集計値を用いて表された社会的厚生は所得の平等性や公平性とは関連していない。後述のように，所得分配の平等性や公平性なども政策の評価をする上では非常に重要な意味を持ち，最近では貿易自由化の評価の際に注目されている。

2. 貿易自由化はなぜ望ましいのか

(1) 輸入財の消費の純増

　一般に最も分かりやすい貿易自由化の正の効果は，自由化によって輸入品の国内価格が下落し，より多くの輸入品を消費することができるようになることであろう。日本円で国際価格が1000円のワインに，20%の関税がかかって

いるとすると，外国産ワインの価格は1200円となる。しかし，関税が撤廃され，国際価格が変化しなければ，そのワイン価格は1000円に下がる。それによって外国産ワインの消費が増加すれば，国民はより高い効用を享受でき，社会的厚生も高まる。

　貿易自由化によってもたらされるこのような利益を簡単な図を用いて説明しよう。今，図2-1にはある財に対する国民全体の需要を表した国内需要曲線Dが描かれている。この財の国際価格がp_1で，それに従量関税tを上乗せした国内価格がp_0であるとしよう。関税が課されている場合には，この国の国民は国内価格p_0に直面し，この財をd_0だけ消費する。関税が撤廃されれば，国内価格は国際価格と等しくなる。関税撤廃後も国際価格が変化しないとすると，関税撤廃後にこの国の国民は国内価格p_1に直面し，d_1まで消費を増加させる[7]。

図2-1　関税撤廃の効果

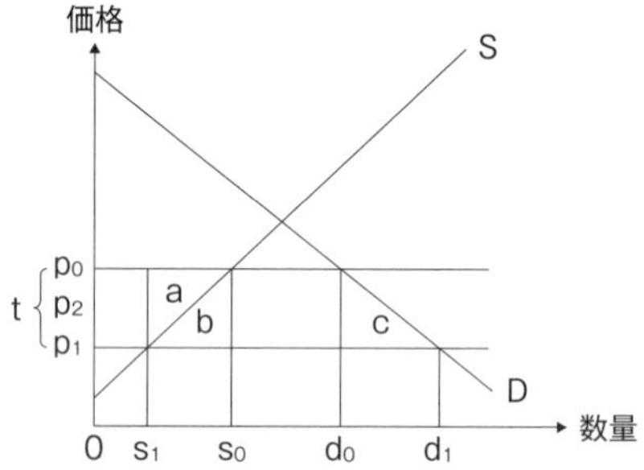

出所：筆者作成。

　仮に国内生産量がs_0で変化しないとすると，輸入された財の消費量は（d_0-s_0）から（d_1-s_0）に増加する。（d_0-s_0）は関税が課せられているときに輸入，消費されている。この時，もし関税をそのままその消費者に返したとすると，消費者は国内価格p_0から関税tを差し引いたp_1でこの財を1単位消費できる。この国の消費者は関税撤廃後も（d_0-s_0）を価格p_1で輸入，消費している。すなわち，関税撤廃前後で，同じ数量（d_0-s_0）を実質的には同じ価格p_1で消費しているので，この部分の消費に関して関税撤廃は国民に利益も損失ももたらさない。

　この国内需要曲線の高さは，消費者である国民がその財1単位の消費に対して最大限支払っても良いと思っている金額を表している。そのため，国内需要曲線の高さと実際に支払う価格の差は，消費者がその1単位を購入して消費した時の純便益を表す。したがって，関税撤廃後，国内価格 p_1 で輸入財の消費が d_0 から d_1 まで増加すれば，国民の純便益は図2-1の面積分 c だけ増加することが分かる。

　貿易自由化によってこのような国民の利益が生じるためには，国内価格が下がり，実際に消費が増加しなければならない。もし，価格が下がっても需要が増加しないようなケース，すなわち国内需要曲線が垂直になっている場合であれば，関税を撤廃してもこのような利益は発生しない。この貿易自由化による利益は，輸入財の価格が安くなり，その消費が増加することから生じる。

　また，関税を撤廃しても，消費者が直面する国内価格（消費者価格）を維持するような補正的な政策がとられた場合にもこのような利益は発生しない。関税撤廃後も消費者価格が一定であれば，国内の消費者は d_0 までしかこの財を消費しない。したがって，関税撤廃後にこの財の消費量が増加しないので，この点では社会的厚生も変化しない。

　また，差別化財が供給され，国民がそれを消費している場合には，各財の消費量だけでなく，消費される財の種類が増加することによっても効用が高まると考えられる。貿易の自由化によって，それまで消費できなかった種類の輸入財を消費できるようになる。このような消費する財の種類の増加によっても社会的厚生は高まると考えられる。

⑵　安価な供給先への代替

　貿易自由化による利益は，非効率な国内供給が外国の効率的な生産者からの供給に代替することでも生じる。先のワインの例を考え，国内の生産者の生産コストが高く，そのワインを1100円でしか供給できないとしてみよう。前述のように，国際価格が1000円である輸入ワインに20%の関税が課されている時，輸入ワインの価格は1200円となる。ここで，国内産のワインも輸入ワインも同質であるとすると，国内産のワインもその価格で売買される。国内の生産者は1本100円の利潤を得ることができるので，ワインを生産，販売し，そ

れを消費者が購入，消費することになる。

　しかし，関税が撤廃されるとワインの国内価格は1000円となるため，国内の生産者は利潤を得ることができず，生産，供給を中止するであろう。国内の生産者は関税賦課時に得ていた利潤100円を失い，その分の損失を被る。他方，消費者は国内産ワインに代えて，輸入ワインを購入，消費する。同質のワインの価格が200円安くなったため，消費者はそのワインの消費によって200円分の純便益を得るであろう。関税撤廃による国内の生産者の損失が100円，消費者の純便益の増加が200円となるので，国全体で見ると国民の利益は増加していると考えられる。

　このような貿易自由化の利益も図2-1を用いて示すことができる。図2-1には，国内の生産者による供給を表した国内供給曲線Sが描かれている。関税がかかっている場合には，輸入財の国内価格がp_0であるので，国内の生産者が供給する同質の財もその価格で売ることができる。そのため，国内の生産者は価格p_0で，s_0まで供給する。関税が撤廃されると，輸入財の国内価格がp_1まで下落するので，国内の生産者もその価格でしか売ることができない。したがって，国内供給量はs_0からs_1まで減少することになる。

　関税撤廃後も国内の生産者はs_1までの生産を継続して行っている。関税撤廃により国内価格がp_0からp_1まで下落するため，この生産量に関して国内の生産者は1単位あたり（p_0-p_1）の損失を被る。他方，関税の有無にかかわらず消費者も国内で生産されたこれらの財を消費しているが，関税撤廃により国内価格がp_0からp_1まで下落するため，消費者は1単位あたり（p_0-p_1）の利益を得る。したがって，s_1までの数量に関しては，関税撤廃によって生産者から消費者への利益の移転が生じているに過ぎず，国全体としては利益も損失も生じない。

　では，s_0からs_1までの国内供給量の減少分についてはどうであろうか。国内供給曲線Sの高さは，国内の生産者が生産を1単位増加させた時に追加的にかかる費用（限界費用）を表している。関税が課せられている場合に国内の生産者は価格p_0で販売できるので，ある一単位を追加的に供給した場合の利潤の増加分は，価格p_0とその時の国内供給曲線Sの高さとの差で表される。逆に，国内の生産者が生産量を一単位減らすと，その分だけ利潤が減少する。

　この点を踏まえると，関税撤廃によって国内生産量が s_0 から s_1 まで減少すると，国内生産者の利潤は面積分 a だけ減少する。国内財の供給が減っても，国内の消費者は輸入財を価格 p_1 で消費できる。消費者は（s_0-s_1）分の消費を，t だけ安い価格で行うことができるので，消費者にとっての利益は面積分（a+b）だけ増加する。国内生産者の利潤（あるいは実質所得）の減少分と消費者の利益の増加分を比較すれば，国全体として面積 b だけ利益が高まっていることが分かる。

　これは，国全体から見ると，非効率な国内生産者からの供給を効率的な海外の生産者からの供給に代替することで国民の利益が増大することを意味する。一見すると，国内生産者の生産が減少し，実質所得が減少することはその国の社会的厚生を低下させるように思えるかもしれない。しかし，実質所得の減少分以上に，価格下落による消費者としての国民の利益が大きいため，社会的厚生は高まるのである。

　以上の議論は，国内で生産される財と輸入される財が同質であることを前提としている。しかし，高級な和牛と外国産の牛肉などのように，それらが大きく差別化されている時，関税が撤廃されて輸入財の国内価格が下がっても，国内産の財に対する需要が変化せず，その価格が下がらないかもしれない。その場合には，国内生産量も変化せず，国内生産者の損失も生じない。しかし，より効率的な海外の供給先への代替も起こらないため，この点での国全体の利益も生じない。

(3)　生産性の向上による実質所得の増加

　貿易自由化の利益は，産業構造の変化に伴う国内の生産性の向上からも生じる。その源泉のひとつは，一国内の産業構造が変化することである。貿易自由化によって輸入産業が縮小し，生産性が高く国際競争力のある輸出産業が拡大すれば，国全体として生産性が高まると考えられる。国全体としての生産性の向上は，国民の実質的な所得を増加させることで国民の利益となる。

　いま，単純化のために，輸入財と輸出財の2つの財からなる経済を想定してみよう。輸入財に対しては輸入一単位あたり t だけの関税が課せられているとする。輸入財の国際価格，国内生産量，国内消費量を，それぞれ p_m，s_m，

d_m とし，同様に輸出財のそれらを p_x，s_x，d_x としよう。両財の国内生産から生じる収入は国民に分配され，その所得となるものとする。また，政府は関税収入を一括して国民に移転するとしよう。輸入財の国内価格は p_m+t となるので，国全体で見た時の国民の予算制約式は，$(p_m+t)d_m+p_xd_x=(p_m+t)s_m+p_xs_x+t(d_m-s_m)$ となる。この式を変形すると，$p_md_m+p_xd_x=p_ms_m+p_xs_x$ となり，左辺は国際価格で評価した消費額，右辺は国際価格で評価した生産額（あるいは所得）となる。国際価格を一定とすれば，国際価格で評価した生産額が増加すれば，国民の実質所得が高まり，消費も増加することで国民の利益も高まる。以下では，貿易自由化によってこのような利益が生じることを説明してみよう。

　ここでは競争的な市場を想定し，それぞれの産業内の生産者はすべて同質的であり，同じ生産性を持つとする。競争的な市場では，各生産者は市場での価格を操作できないと考えており，価格受容者として行動する。そのような生産者が個々に利潤を最大化すれば，国内価格で評価した経済全体の生産額が最大になることが知られている[8]。

　図2-2の曲線 TT' は，与えられた生産技術や国内の労働や資本などの生産要素の供給量のもとで最も効率的に生産を行った時の両財の組み合わせ（生産可能性曲線）を表しており，この国でそれよりも左下の領域の組み合わせは生産可能であるとする。点 S^0 を通る点線の傾きを $p_x/(p_m+t)$ とすると，関税が

図2-2　産業構造の変化と実質所得

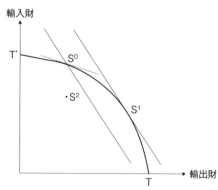

出所：筆者作成。

賦課されている時に国内価格で評価した生産額が最大になる生産の組み合わせが点 S^0 となることから，それが関税賦課時の国内生産の組み合わせとなる。

　関税が撤廃され自由貿易が行われると，両産業の国内生産者は国際価格に直面することになり，その価格のもとで利潤を最大化しようとする。点 S^0 や点 S^1 を通る実線の傾きを p_x/p_m とすると，それらの価格の下で国内生産額を最大にする財の組み合わせは点 S^1 で与えられるので，点 S^1 が関税撤廃後の国内生産の組み合わせとなる。このように，関税を撤廃することで，この国の生産の組み合わせは点 S^0 から点 S^1 に移動する。

　すなわち，関税撤廃によって輸入産業の規模が縮小し，逆に輸出産業の規模が拡大する。これは生産性が低く，国際競争力の低い輸入産業から，生産性が高く，国際競争力の高い輸出産業へと産業構造の転換が起こることを示している。この産業構造の変化によって，傾きを p_x/p_m とする直線が右上にシフトアップしているので，国際価格で評価した国民の所得 $p_m s_m + p_x s_m$ が関税撤廃によって増加している。この所得（あるいは実質所得）の増加によって，より高い社会的厚生を達成できる[9]。

　以上は，産業間での調整による一国の生産性の向上を示した伝統的な貿易論の議論であるが，新しい考え方では貿易自由化による産業内の生産性の向上が指摘されている。特に，独占的競争と呼ばれる市場構造のもとでは，貿易自由化による競争の促進によって産業内での生産性の向上が起こることが知られている。ここで，独占的競争市場とは，同一産業内で各企業が差別化された製品を供給し，多くの企業が競争しているような市場を指す。このような市場構造をもつ産業では，差別化された同一産業内の製品をお互いに輸出するという産業内貿易が起こる。機械や電気製品などの分野では，この産業内貿易が顕著に見られる。

　そこで，同一産業内に異なる生産性を持つ企業が存在するような独占的競争市場を考えてみよう。この場合，貿易の自由化を行えば，より厳しい競争環境の下で生産性の低い企業が市場から撤退せざるを得なくなる。あるいは，生産性の高い企業が輸出を伸ばすことで，産業全体の生産性が高まる。このような同一産業内での生産性の向上によって，実質所得が高まり，国民の利益が増大すると考えられる[10]。

　また，企業内で生産工程を国際的に分散すること（フラグメンテーション）
や海外の他社への委託や外注（海外アウトソーシング）によって，企業の生産
性を高めることも考えられる。たとえば，生産工程の一部を生産コストの低い
他国に移転し，そこから中間財などを輸入して生産を行えば，最終財企業はよ
り安く中間財を購入でき，生産物の付加価値を高めることができる。海外でよ
り品質の高い中間財などを生産する企業がある場合には，そこから中間財を購
入することによって，最終財企業の生産性を高めることもできる[11]。

⑷　競争促進による経済の効率化

　貿易の自由化は競争を促進し，市場構造がより競争的になることでも，国民
に利益をもたらす。国内市場が独占，寡占，独占的競争などの不完全競争の状
態にある時，各企業は価格支配力を行使し，限界費用を上回る価格を設定して
いると考えられる。この価格と限界費用のマージンは，マークアップとも呼ば
れる。その結果，不完全競争の市場では，競争的な市場よりも少ない数量しか
財が供給されず，過小供給の状態になっている。前項でも述べたように，競争
的な市場では効率的な資源配分が達成されるが，それは価格と限界費用が等し
く，マークアップがゼロであることによる。

　不完全競争下にある市場で貿易を自由化すれば，海外の企業が輸入国の国内
市場に参入し，競争が促進されると考えられる。競争の促進が企業のマーク
アップを低下させれば，価格は限界費用に近づき，企業の供給量は競争的な市
場で実現される数量に近づく。これは貿易自由化の競争促進効果と呼ばれる。
その結果，過小な供給が解消され，国民の利益も高まると考えられる。

　しかし，貿易の自由化は輸入国の市場を非競争的にしてしまう可能性もあ
る。当初，貿易政策によって国内市場を保護しているが，その国内市場は比較
的競争的であったとしよう。また，非常に生産性が高く，外国の市場を支配し
ている外国企業が存在するとしよう。貿易の自由化を行うと，この外国企業が
輸入国の市場に参入し，国内市場がこの外国企業によって支配されるかもしれ
ない。それによって，国内の市場にあった既存企業が淘汰されてしまうと，国
内の市場構造は非競争的になってしまう。このように貿易自由化が必ずしも競
争促進効果を持つわけではないことに注意すべきである[12]。

3. 貿易自由化に対する批判

⑴　交易条件の悪化

　保護主義的な政策を正当化する伝統的な考え方として，交易条件の改善がある。交易条件とは，輸出財の価格を輸入財の価格で割った値のことを言う。現実の経済には，多数の輸出財や輸入財があるので，輸出財の価格指数を輸入財の価格指数で割ったものと定義される。その数値が大きく（小さく）なる時に，交易条件が改善（悪化）するという。輸出財の価格と比べて輸入財の価格が安くなれば，交易条件が改善する。その場合，国全体から見れば同じだけの輸出数量でより多くの輸入財が購入でき，より多くの財を消費できることになるので，その国の国民の利益となると考えられる。

　いま，ある国がある財を輸入しているが，その輸入数量は世界全体の市場の中でかなり大きく，その国の輸入量の変化によってその財の国際価格が変化するようなケースを考えてみよう[13]。その国がその輸入財に対して輸入関税を課したとしよう。輸入財の国際価格がもとのままだったとすれば，関税が上乗せされる分だけその国における輸入財の国内価格が高くなり，その財に対する国内需要量は減少するであろう。その結果，世界市場における需要も減少し，その財の国際価格が下落する。輸入財の国際価格の下落は，その国の交易条件を改善させるため，その国の利益が高まると考えられる。逆に，関税を賦課している状況から関税を引き下げると，輸入財の国際価格が上昇し，交易条件が悪化する。したがって，この効果が強く働く場合には貿易自由化は輸入国にとって望ましくないと考えられる。

　この交易条件効果を第2節⑴で用いた図2-1で見てみよう。関税が賦課されている場合の国際価格は p_1 で，輸入数量は $(d_0 - s_0)$ であった。第2節⑴で述べたように，関税を消費者に還元するとすれば，関税賦課時には消費者はこれらの輸入財を実質的に p_1 で購入できた。しかし，関税撤廃後に国際価格が p_2 に上昇したとすると，これらの輸入財のために p_2 というより高い価格を支払わなくてはならない。したがって，$(p_2 - p_1) \times (d_0 - s_0)$ 分だけ支払いが多くな

るので，それだけ消費者の利益は減少することになる[14]。

　貿易自由化によって交易条件が悪化する可能性は，国内市場が外国企業の独占，あるいは寡占などの不完全競争市場になっている場合にも生じうる。この場合，関税の賦課によって，外国企業はこの国に輸出する際に関税分の追加的な費用を負担しなくてはならない。すなわち，外国企業がこの国に輸出する時にかかる費用は，生産にかかる費用に関税を加えたものとなる。不完全競争下にある外国企業は生産の限界費用に関税を上乗せした値と限界収入が等しくなるように供給量を決めている[15]。その時の外国企業の出荷価格（国際価格）は，国内価格から関税を差し引いた額である。

　関税を撤廃すれば，国内価格と外国企業の出荷価格（国際価格）は等しくなる。また，外国企業は限界収入が関税分だけ低くなるように，より多くの生産を行い，輸出しようとするため，国内価格を引き下げる。もし，その価格の下落が元の関税よりも小さければ，外国企業の出荷価格（国際価格）は関税撤廃前よりも高くなる。すなわち，この場合も輸入財の国際価格が高くなることで，負の交易条件効果が働き，貿易自由化が経済厚生を低下させる。

　このような負の交易条件効果の大きさは，近似的に初期の輸入数量に依存することが分かる。初期の関税が高くなるにつれて輸入数量は少なくなるので，関税が高いほど関税を引き下げた時のこの効果が小さくなる。輸入がなくなるほどの高い関税（禁止的関税）が課せられている時には，この効果は無くなる。したがって，そのような状況から少し関税を引き下げる場合には，このような負の交易条件効果がなくなるので，社会的厚生は高まると考えられ，自由化が望ましいと考えられる。

　他方，関税の引き下げは第2節(1)や(2)で述べたような，社会的厚生を高める効果も持つ。また，国際価格を一定として関税を少し引き下げた時の社会的厚生の増加分は，（初期の関税）×（輸入数量の増加分）として近似できることが知られている。したがって，初期の関税が0であれば，この効果は無くなる。初期の関税が小さくなれば，この効果も小さくなる。初期の関税が小さければ輸入数量も多く，負の交易条件効果が強く働くことになる。したがって，関税の引き下げによって国際価格が変化するような場合，非常に高い関税を引き下げることは望ましいが，低い関税をさらに引き下げることはその国の経済厚生

を引き下げてしまうことになるかもしれない[16]。輸入国の社会的厚生が最大になるような関税を課すべきとする考え方は，最適関税論と呼ばれる。

　この最適関税論には，貿易相手国が政策を変更しないという前提がある。保護主義的な政策をとった国の交易条件が改善すると言うことは，とりもなおさず貿易相手国の交易条件が悪化すると言うことを意味する。それは貿易相手国の利益を損ね，貿易相手国は報復措置を取ってくる可能性もある。お互いが関税を掛け合い，いわゆる関税戦争が起これば，お互いの経済にとってマイナスの影響が出てきてしまう。このような点を踏まえて，最近の米国と中国，あるいは EU などの間での相互の関税の引き上げを考えると，それはお互いの国にとって，また世界経済にとって望ましくない。

⑵　貿易転換効果

　地域貿易協定や自由貿易協定による域内での自由化は，域内と域外を差別化して扱うことによって域内国の社会的厚生を減少させる効果を生み出す。非効率な生産が行われている国と自由貿易協定を結ぶことで，効率的な生産が行われている域外国からの輸入が域内の非効率な国からの輸入に取って代わることになると，域内国の社会的厚生が減少するかもしれない。

　例えば，ある国が A 国と B 国から同質のワインを輸入しているとしよう。A 国のワインの供給価格（国際価格）は 1000 円で，B 国のワインの供給価格（国際価格）は 1100 円であるとしよう。この国は地域貿易協定を締結する前は，両国からの輸入に対して 20％の関税を課しているとする。この場合，A 国から輸入されるワインの国内価格がより安価であるため，A 国からワインを輸入するであろう。

　いま，この国が B 国と地域貿易協定を締結し，B 国からの輸入に対してだけ関税を撤廃したとする。A 国からのワインの輸入には相変わらず 20％の関税がかかるので，そのワインの国内価格は 1200 円となる。他方，B 国からのワインは無税となるため，国内価格は 1100 円となる。したがって，地域貿易協定の締結後には，この国は B 国からワインを輸入することになる。

　地域貿易協定締結前，この国の国民は 1200 円という高い価格でワインを消費しているが，もし政府が輸入に対して課せられた関税を国民にそのまま返し

たとすると，輸入1単位あたり200円が国民に返還される。その場合，国民はこの輸入したワインを実質的には1200 − 200 = 1000円で消費できたことになる。他方，地域貿易締結後に関税はなくなるが，国民は1100円で輸入したワインを消費する。すなわち，地域貿易協定の締結によって，この国の国民は実質的に輸入1単位あたり100円高い価格を支払うことになり，その分の損失を被ることになる。

　このような損失は，この国は地域貿易協定の締結によって，非効率な域内国（B国）からの輸入に転換したことから生じている。これは貿易転換効果と呼ばれている。貿易自由化後に，もともと輸入していた財を実質的により高い価格で購入せざるを得ないことからこの効果が生じているが，これは第3節(1)で解説した交易条件効果と同様のものである。

　もちろん，地域貿易協定による貿易自由化によって域内の貿易量が増加すれば，関税賦課によって生じていた消費面や生産面の非効率性は軽減される。この効果は貿易創出効果と呼ばれる。したがって，貿易転換効果よりもこの効果が大きければ，地域貿易協定による自由化はこの国にとって望ましいが，逆の場合は地域貿易協定によってその域内の社会的厚生は低下してしまう。

　貿易転換効果の大きさも，交易条件効果と同様，A国とB国の供給価格の差（協定締結前後の国際価格の差）に輸入数量を掛け合わせた値に等しい。したがって，地域貿易協定前に輸入数量が少ない場合，その効果は小さくなる。また，域内国と域外国の供給価格の差が小さい場合も，その効果は小さい。いずれかの場合には，貿易転換効果によるマイナスの効果が小さくなるので，地域貿易協定はこの国の利益を高めるであろう。

⑶　レント・シフティング──寡占の場合

　国内市場が国内企業と外国企業による寡占市場になっている場合，関税などの貿易制限によって，国民の利益を高めることができる。寡占競争のもとでは，各企業は相手企業の生産量や価格などの戦略を見ながら，自己の利益を最大にするように戦略を決定する。また，ライバル企業が少数であるため，各企業は価格支配力を持っている。この場合，各企業は限界費用よりも高い価格を付け，超過利潤を得る。この超過利潤はレントとも呼ばれる。

　このような状況で関税が課せられれば，外国企業がこの市場に輸出する時に追加的な費用がかかる。そのため外国企業は輸出量を減らし，そこから得られる超過利潤も減少する[17]。他方，自国企業は競争上，有利な立場に置かれるため，供給量を増加させ，より高い超過利潤を獲得できる。超過利潤の増加は，国民に分配される所得を増加させ，その分だけ国民の利益は高まる。このように，輸入国が関税をかけることで，外国企業の利潤（レント）が国内企業の利潤にシフトする効果をレント・シフティング効果という。したがって，関税の賦課とは逆に，関税を引き下げるとこの効果による利益を享受できなくなる分だけ輸入国の社会的厚生は低下する可能性がある。

　しかし，このような寡占市場においても，関税の引き下げは第2節(1)や(2)で述べたような，社会的厚生を高める効果も持つ。その効果が第2節(1)で述べた負の交易条件効果やここで述べたレント・シフティング効果を上回れば，貿易自由化はその国の経済厚生を高める。

(4)　幼稚産業保護

　産業全体として規模の経済性がある時には，関税等の貿易政策によってその産業を保護することが望ましい場合もある。ここで，産業全体として規模の経済性があるというのは，産業の規模が拡大すれば個々の企業の平均費用も低減していくが，個々の企業はそのことを認識していないような状況である[18]。

　この場合，すでに外国では産業規模が大きく，規模の経済性が働いており，平均費用が低くなっているとすると，外国企業は国際競争力を持ち合わせることになる。他方，国内の産業はまだ発展しておらず，産業規模が小さいとするとその産業の平均費用は高く，国際競争力を持ち合わせていないとしよう。この状態で自由貿易が行われれば，国内の企業は外国の企業との競争に勝つことができず，その国内産業は衰退し，その産業の平均費用が高くなっていくため，国際競争力をより一層失うことになる。したがって，自由貿易を行っている限り，この産業を発展させていくことはできない。

　そこで，関税などの貿易政策によって，外国からの輸入を減らし，国内産業にとっての市場規模を大きくしたとしてみよう。国内産業の生産規模が拡大していけば，その平均費用も逓減していく。国内企業の平均費用を外国の企業の

平均費用よりも低くできるほど，国内産業の規模を十分に拡大することができれば，国内の企業が国際競争力を持つことができる。

　このように国内産業が十分に拡大するまで保護貿易を続け，その後に貿易を自由化すれば，国際競争力を持った国内の企業が輸出を行うことができ，またその産業規模も自由化によってさらに拡大する。このように幼稚産業を保護し，成熟した後に貿易の自由化を行うことが望ましいと考えるのが幼稚産業保護論である。しかし，この考え方は短期的な保護政策を支持するものであり，長期的には自由貿易が望ましいことを示唆している。

⑸　貿易赤字

　ある国が市場を開放しており，貿易相手国が閉鎖的な国であるとしてみよう。この2つの国の間の貿易を考えると，自国では輸出額が少なく，輸入額が多くなる可能性が高い。その結果，自国では貿易赤字となり，その国のGDPを引き下げ，景気にマイナスの影響が生じたり，失業が拡大する恐れがある[19]。このように貿易相手国の保護政策や不公正な貿易が自国の経済に悪影響を及ぼす可能性がある。

　このような状況では，自国が貿易赤字を改善するために，貿易相手国に対抗して自国も保護主義的な政策の導入したほうが良いのではないかと考えられる。つまり，保護主義的な政策によって輸入を削減することで，貿易赤字が解消され自国の景気が良くなり，失業も減少すると考えられる。

　しかし，国際的な景気の波及効果を考慮に入れれば，そのような考え方は必ずしも正当化されない。自国の保護主義的な政策によって貿易相手国の輸出が減少し，相手国の景気が悪化し，貿易相手国の輸入が減少する。それは自国の輸出を減らすことになり，自国の景気も悪化してしまう可能性がある。このようなことが繰り返されれば，お互いの景気が悪くなっていくという悪循環に陥る。

　戦後，GATT（関税と貿易に関する一般協定）によって貿易の自由化が推進されてきたが，その背景には戦前の保護主義的な政策がもたらした世界経済の景気の悪化がある。各国が高関税を課すことによって，景気の悪循環がもたらされたと考えられている。米国のトランプ政権では，米国の貿易赤字をもたら

している貿易相手国に対して，それが不公正な貿易となっているとして，関税の引き上げを行っている。しかし，お互いが関税を引き上げるような貿易戦争は，マクロ経済的な理由からも望ましくない。

(6)　雇用への悪影響と実質所得

　貿易自由化によって産業構造の変化が起こり，実質所得が増加することから国民の利益が高まることを第2節(3)で示した。しかし，この議論の背後には，労働や資本などの生産要素が産業間を自由に移動できるという前提がある。資本の場合には，比較的短期間で産業間を移動可能であるかもしれないが，労働の場合にはそれが難しい場合もある。

　もし，貿易自由化によって労働が産業間を移動できない場合には，失業や所得の減少が生じる。第2節の図2-2において，貿易自由化後に輸入産業で働いていた労働者が輸出産業に移ることができない場合，輸入産業の生産量だけが減少し，輸出産業の生産が増えないため，生産の組み合わせが例えば点 S^2 のような所に移動するかもしれない。この場合，傾きが p_x/p_m で，点 S^2 を通るような直線は，点 S^0 を通る実線よりも左下に位置することになる。すなわち，国際価格で評価した生産額（あるいは所得）が減少し，国民は関税撤廃によって損失を被ることになる。したがって，貿易自由化は望ましくないという考え方がある。

　しかし，仮に関税の賦課によって輸入競争産業の雇用を守り，点 S^2 のような所のような所に行かないようにしたとしてみよう。しかし，それは関税によって点 S^2 の生産の組み合わせを点 S^0 まで戻すだけである。第2節(3)で示したように，貿易を自由化して点 S^1 のような生産の組み合わせにした方が国民全体の実質所得は高まり，社会的厚生も高くなる。それを達成するためには，労働や資本などの生産要素が産業間でできるだけスムーズに移動できるような政策や制度を導入した上で貿易の自由化を行うことが重要である。

(7)　所得分配の不平等の拡大

　前項では，貿易自由化によって発生する失業が経済全体の実質所得に及ぼす負の影響を考察したが，それは貿易自由化が一部の国民に損失を与えることを

意味している。一国の経済厚生，あるいは実質所得が高まると言っても，それは集計した値であるので，必ずしもすべての国民の利益や実質所得が高まっているわけではない。すなわち，一部の国民が利益を得ても，他の国民は損失を被っているかもしれない。

　同様に，貿易の自由化に対する批判は賃金格差の観点から提起されることもある。すなわち，貿易の自由化によって国内の賃金格差が拡大するのではないかという批判である。一般的には，自由化が所得分配をより不平等にしてしまうのではないかと言う問題である。

　以下では，貿易自由化と賃金格差について簡単な図を用いて考察してみよう。いま，ある小国において2つの産業があり，2つの産業の間で賃金格差がある状況を想定してみよう。労働者が同質的で自由に産業間を移動できるのであれば，長期的にはどちらの産業でも賃金率は同じになるはずである。賃金格差が生じる原因としては，労働者の質が異なるか，あるいは同質であっても労働者が産業間を移動できないということが考えられる。

　まず，産業 H では熟練労働者だけを雇用し，高い賃金が支払われており，産業 L では未熟練労働者だけが雇用され，低い賃金が支払われているとしよう。図2-3の横軸は労働者の数を表し，O_L から右に未熟練労働者数を測り，O_H から左に熟練労働者数を測るとしよう。また，直線 $D_L{}^0$ は産業 L での労働の限界生産物価値（労働を1単位追加的に投入した時の，生産額の増加分），直線 D_H は産業 H のそれを描いている。それぞれの産業の財の国内価格が下がれば，限界生産物価値は小さくなるので，その直線は下方に移動する。

　両産業が完全競争下にあるとすると，生産者は労働の限界生産物価値と（名目）賃金が等しくなるように労働を需要する。したがって，縦軸に賃金を測ると，直線 $D_L{}^0$ は産業 L における未熟練労働の需要曲線となり，直線 D_H は産業 H における熟練労働の需要曲線となる。また，未熟練労働者の供給量が線分 O_LL_0，熟練労働者の供給量は線分 O_HL_0 であり，それぞれ一定であるとする。賃金がそれぞれの労働市場で需給がバランスするように決まるとすると，未熟練労働の賃金は $W_L{}^0$，熟練労働の賃金は W_H となる。

　いま，産業 L が輸入競争産業で，関税の引き下げが行われたとしよう。この時，産業 L で生産される財の国内価格が下がるため，その労働の限界生産

図2-3　貿易自由化と賃金格差・失業

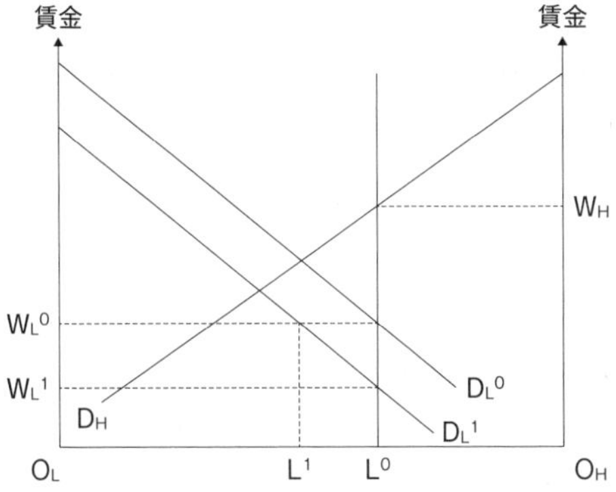

出所：筆者作成。

物価値も低下する。そこで未熟練労働に対する需要曲線が直線 D_L^1 まで下方に移動したとしよう。このとき，賃金が伸縮的に変動するのであれば，未熟練労働の賃金は下落し，W_L^1 となる。したがって，熟練労働の賃金は一定であるため，熟練労働と未熟練労働の賃金格差が拡大する。すなわち，貿易自由化が賃金格差を拡大するのである。

　もし，最低賃金制などの制度的な要因，あるいは他の何らかの要因によって未熟練労働の賃金が下がらない場合はどうなるであろうか。未熟練労働の賃金が W_L^0 のままであれば，関税引き下げ後に未熟練労働に対する需要は線分 $O_L L^1$ となり，生産者はそれだけしか雇用しないであろう。したがって，線分 $L^1 L^0$ だけの未熟練労働の失業が生じることになる。すなわち，賃金格差が拡大しないのであれば，雇用量での調整が行われて，失業が生じると考えられる。

　労働市場で賃金が伸縮的に動くとすると賃金格差が生じ，賃金格差が生じないようにすると失業が生じるので，貿易の自由化は望ましくないということになる。もちろん，どちらの状況が生じるかは，その国の経済の労働市場の状況に依存する。

　貿易の自由化が賃金格差を拡大させるのではないかという点については，伝統的な貿易理論でも指摘されてきた。熟練労働と未熟練労働の2要素からなるヘクシャー＝オリーン・モデルでは，輸入競争産業で未熟練労働が集約的に用

いられている場合，その産業の財の関税引き下げは，未熟練労働の実質賃金を引き下げ，熟練労働の実質賃金を引き上げることになる[20]。もともと熟練労働の賃金が未熟練労働の賃金よりも高いとすると，貿易の自由化は賃金格差を拡大することになる。

ヘクシャー＝オリーン・モデルでは労働が産業間を移動できるという前提が置かれているが，現実のデータでは必ずしもそのようなことが起こっていないため，必ずしもこの考え方にもとづいて賃金格差の拡大が説明できるわけではない。しかし，産業間の労働移動ができない場合でも，上述のように貿易自由化が賃金格差を拡大させることは容易に説明できる。

次に，2つの産業が国内の別々の地域に立地しているとしてみよう。すなわち，輸入競争産業 L が立地している地域と輸出産業 H が立地している地域があるとしてみる。両産業で雇用されている労働者は同質であるが，地域間を移動するコストなどが非常に高く，地域間を移動できないとしてみよう。やはり，この状況で関税引き下げという貿易自由化が起これば，賃金が伸縮的に動くのであれば，輸入競争産業が立地する地域での賃金は下落する。もともと輸出産業での賃金が高ければ，貿易の自由化は地域間での賃金格差を拡大することになる。また，輸入競争産業での賃金が下がらない場合には，前述のようにその地域で失業が生じてしまう。

しかし，賃金格差や失業が生じる根本の原因は貿易自由化ではなく，労働市場でのさまざまな障害である。未熟練労働が容易に熟練労働になれない，あるいは同質の労働者であっても産業間や地域間を簡単には移動できないなどの問題から賃金格差や失業は生じている。したがって，これらの問題を根本的に解決したいのであれば，貿易政策に頼るよりもむしろ労働市場におけるさまざまな問題を解決することが重要であると考えられる[21]。

おわりに

本章では，経済学の考え方にもとづき，国全体の利益を社会的厚生という概念で定義し，貿易自由化がどのような理由により望ましいのかについて整理し

た。同時に，貿易自由化を批判する考え方を紹介し，そのような批判に対する反論を示した。保護主義的な動向が強まる中で，貿易自由化が経済に与える影響を明らかにし，貿易自由化のメリットやデメリットを正しく理解することは非常に重要である。貿易自由化はそれだけでは必ずしも一国の利益を高めるとは限らない。基本的にはすべての市場が競争的で，市場がうまく機能しているのであれば，貿易自由化は望ましいといえる。しかし，財市場が不完全競争であったり，生産要素市場で市場がうまく機能していない場合などがある。その場合には，他の補完的，補正的な政策を行いつつ，貿易の自由化を行うことが望ましい。

　また，第3節で述べた貿易自由化に対する批判だけでなく，他にもさまざまな批判もある。たとえば，財の安全性や貿易が環境に与える影響などの非経済的価値の観点から保護主義を正当化しようとする考え方もある。国の間で安全性の基準が異なる場合に，貿易を自由化してしまうと安全性の低い財が輸入され，国民に被害が及ぶ可能性がある。したがって，貿易を制限して国民を守るべきであると言うものである。

　また，環境基準が緩やかな国を考えれば，環境規制を守るためのコストが小さくなるため，環境により大きな負荷を与えるような生産が拡大する可能性がある。あるいは，外国から環境負荷の大きい生産方法をとる企業が進出してくるかもしれない。その結果，環境基準の緩い国で環境が悪化する可能性がある。それを防ぐために保護主義的な政策で貿易を制限したり，外国からの投資を制限すべきであるというものである。

　このように貿易自由化によるこれらの非経済的価値の損失を重要視する考え方もある。確かに，このような問題がある場合，貿易自由化それだけでは必ずしも最適な状態は達成されない。しかし，国内の安全基準や環境基準などを適切に定めた上で，貿易自由化を行えば社会的厚生を高めることができると考えられる。

注

1）CPTPP は TPP11 とも呼ばれ，2018 年 12 月 30 日に日本を含む 6 カ国について発効，その後ベトナムについても発効に至っている。

2）代表的なものとして，伝統的なリカード・モデルやヘクシャー＝オリーン・モデルがある。厚生経済学ではより一般的に競争市場の最適性を論じており，国際貿易論の分析はその応用とも考えら

れる。

3）産業内の企業間競争による生産性の向上については企業の異質性を導入した独占的競争モデル（メリッツ・モデル），企業内の生産性の向上についてはフラグメンテーションやアウトソーシングなどを取り扱ったモデルから説明されている。

4）効用とは消費者の満足度を表す。

5）効用に影響を与える他の要因として，消費する財の種類や環境の水準なども考えられる。

6）Feenstra（2016）の Ch.8 や阿部・遠藤（2012）の第2章などでは，効用関数を特定化することで，社会的厚生が価格と実質所得の集計値に依存することを示している。また，価格に依存する部分が消費者余剰，実質所得に依存する部分が生産者余剰に対応することも示されている。

7）ある国の輸入量や輸出量が変化しても国際価格に影響がないような国のことを経済学では「小国」と言う。

8）これは「競争均衡はパレート最適である」と言う厚生経済学の第1基本定理による。Feenstra（2016）の ch.1 では，Adam Smith の「神の見えざる手」が生じていると説明している。

9）すべての産業の相互の関連を考慮に入れた分析を一般均衡分析という。GTAP モデルは，この枠組みでシュミレーションを行うことにより貿易自由化の経済効果を数値で示すことができるモデルである。内閣官房 TPP 政府対策本部（2015）は，GTAP モデルを利用して TPP の経済効果を試算している。

10）独占的競争モデルを用いた貿易理論は，新貿易理論や新々貿易理論と呼ばれており，田中（2015）は理論分析だけでなく実証分析も解説している。清田・神事（2017）もその実証分析を解説している。

11）フラグメンテーションやアウトソーシングの理論・実証分析に関しては，冨浦（2014）や木村・椋（2016）で詳細に解説されている。

12）Goldberg and Pavnik（2016）は貿易自由化がマークアップに及ぼす影響の実証結果を紹介している。

13）経済学では，このような国のことを大国と呼ぶ。

14）関税撤廃による国内価格の変化によって輸入数量も変化するので，輸入に対する実質的な支払い額を算出するには輸入数量の変化分も考慮しなくてはならないが，ここではそれを無視している。

15）限界収入とは，生産量を1単位増加（減少）させた時の収入の増加（減少）分である。不完全競争下にある企業が利潤を最大にするためには，その企業の限界収入と限界費用が等しくなるように生産量を決めればよい。

16）輸入国の社会的厚生が最大になる関税を最適関税という。

17）寡占市場での競争形態には様々なものがある。ここでは，数量（供給量）を戦略とし，相手企業の供給量を所与と見なして利潤を最大化するようなクールノー競争を想定している。

18）経済学ではこのような規模の経済性をマーシャルの外部性という。

19）GDP は，消費＋投資＋政府支出＋（輸出－輸入）に等しい。

20）これはストルパー＝サムエルソン定理と呼ばれている。

21）Helpman（2018）はグローバリゼーションと所得の不平等に関する多くの実証結果を紹介している。

参考文献

阿部顕三（2015）『貿易自由化の理念と現実』NTT 出版。

阿部顕三・遠藤正寛（2012）『国際経済学』有斐閣。

木村福成・椋寛編（2016）『国際経済学のフロンティア』東京大学出版会。

清田耕造・神事直人（2017）『実証から学ぶ国際経済』有斐閣。

田中鮎夢（2015）『新々貿易理論とは何か』ミネルヴァ書房。

冨浦英一（2014）『アウトソーシングの国際経済学―グローバル貿易の変貌と日本企業のミクロ・データ分析』日本評論社。

内閣官房 TPP 政府対策本部（2015）「TPP 協定の経済効果分析」2015 年 12 月 24 日（http://www.cas.go.jp/jp/tpp/kouka/pdf/151224/151224_tpp_keizaikoukabunnseki02.pdf，2018 年 7 月 1 日閲覧）。

椋寛（2020）『自由貿易はなぜ必要なのか』有斐閣。

Feenstra, R. C. (2016), *Advanced International Trade: Theory and Evidence*, Princeton: Princeton University Press.

Goldberg, P. K. and N. Pavcnik (2016), "The effects of Trade Policy," in Bagwell, K. and R. W. Staiger, (eds.), *Handbook of Commercial Policy*, Amsterdam: North-Holland.

Helpman, E. (2018), *Globalization and Inequality*, Cambridge, MA: Harvard University Press.

（阿部 顕三）

第3章
国際通商秩序の危機とメガ FTAs：
貿易ルールの視点

はじめに

　第二次世界大戦終了から 70 余年の世界経済のグローバリゼーションは，「ルールに基づく国際貿易秩序」の構築に先導されてきた。大恐慌以降の混乱と第二次世界大戦の勃発が残した大きな教訓のひとつは，貿易政策を各国の恣意的な運用に任せてパワーポリティックスに委ねてしまうことは極めて危険だということだった。保護主義，恣意的な貿易政策の応酬はやがて世界経済全体の活力を奪い，経済を超えた深い溝を作っていってしまう。それを避けることが戦後処理の中で強い問題意識として働いていた。ブレトンウッズ体制の3つの柱の一翼を担って貿易・投資の自由化を目指した国際貿易機構（ITO）は米国における批准が得られなかったため設立に至らなかったが，ITO 憲章の一部であった関税と貿易に関する一般協定（GATT）が発効し，貿易ルール作りが始まった。ウルグアイ・ラウンドまでの8次のラウンド交渉を経て 1995 年に世界貿易機関（WTO）が成立し，さまざまな課題を残しつつも，多角的（マルチ）な貿易ルールの体系が成立した。

　第二次世界大戦以降の国際貿易・投資の発展は著しかった。特に 1980 年代後半以降は，従来からの産業・業種単位の国際分業を超えて生産工程・タスクを単位とする国際分業が始まり，原材料と完成品にとどまらず部品・中間財も大量に貿易されるようになった（Ando and Kimura 2005）。ボールドウィンはこれを第1のアンバンドリング（生産と消費の国境を越えての分離）から第2のアンバンドリング（生産におけるタスクの国境を越えての分離）への転換と

とらえ，それにより先進国と新興国の間の相対的所得の大収束がもたらされたとしている（Baldwin 2016）。この新しい形態の国際分業が本格化した背景には，初期のICT革命における通信技術の発展が必要条件のひとつとして存在した。それに加え，ルールに基づく国際貿易秩序が確立され，それが先進国にとどまらず新興国・発展途上国にも広がっていったことが大きかった。精緻な生産工程・タスク間国際分業は，貿易・投資の自由化・円滑化のみならず，貿易・国際通商政策が国際ルールとして規範化され，経済活動における不確実性を減少させることによって，初めて可能となる。そのため，第2のアンバンドリングに参加できた新興国・発展途上国とできなかった国々がはっきりと分かれることとなった。

　この国際貿易秩序が，2017年の米トランプ政権成立以降，大きな混乱をきたしている。そのコストは単に，米国の貿易政策とそれに対する各国の対抗・報復措置に起因する直接的な負の影響にとどまらない。今，これまでの国際分業を成り立たせてきた貿易ルール全体が危機にさらされている。しかし，この危機感は人々の間で必ずしも十分に共有されていない。米中貿易戦争をめぐる各種論説や新聞報道では，トランプ氏の言説に巻き込まれるがごとく，どちらがどれだけの譲歩を引き出したのかという「ディール」ばかりが語られ，米中ともに「ルール」を弱体化させているとの懸念は必ずしも明確でない。これは，多くの人々がルールに基づく国際貿易秩序の重要性を十分に認識しておらず，管理貿易あるいはパワーポリティックスに基づく貿易体制の論理を知らず知らずのうちに受け入れてしまっているからであろう。

　一方，国際貿易秩序が危機にさらされていることの反動として，多くの国が参加する自由貿易協定，いわゆるメガFTAsの交渉・締結はむしろ加速している。以下では自由貿易協定（FTAs）と関税同盟を総称して地域経済統合（RTAs）と呼ぶことにするが，RTAsは長い間，マルチの貿易ルールとは本質的に相容れないものとみなされてきた。確かにRTAsは域内国と域外国との間に差別待遇を設けるものであり，マルチの貿易ルールの中核である無差別原則とは相容れない要素を含んでいる。しかし一方で，WTOが自由化交渉に失敗し，新たな政策分野に守備範囲を広げることができない中，さらなる自由化と国際ルール作りの主役となってきたのがRTAsである。それがさらに今，

以前の議論からみると逆説的であるが，ルールに基づく国際貿易秩序を守る役割を期待されるようになってきている。

　貿易ルールとはいったい何か。それは何によって支えられ，どのような役割を果たしているのか。メガ FTAs はどこまでルールに基づく国際貿易秩序を守れるのか。これらの疑問にエコノミストの立場から答えるのが本章の目的である。

　以下，第1節では，ルールに基づく国際貿易秩序とは何か，それがどのような危機にさらされているのかを示す。第2節では，国際的政策規律の中心概念である無差別原則とは何か，その経済学的意義について議論する。第3節では，地域経済統合と無差別原則の関係を，いくつかの異なる視点から分析する。第4節では，WTO 改革が遅れる中，メガ FTAs の新たな意義について議論する。

1．ルールに基づく国際貿易秩序の重要性とその危機

　ルールに基づく国際貿易秩序は，WTO を中心とするマルチのチャンネル，自由貿易地域と関税同盟を含む RTAs のチャンネル，そして各国の貿易・国際通商政策という3つの層から成る。各国政府から見れば WTO や RTAs は国際協定であるが，それに基づいて WTO は RTAs と各国の貿易・国際通商政策に対して規律を課しており，また RTAs も各国の貿易・国際通商政策に一定の縛りをかけている。具体的な貿易・国際通商政策は各国が行うわけだが，WTO あるいは RTAs はそれに対し，このような政策を策定・施行してください，あるいはこのような政策は採らないでください，という形で政策規律を課している。

　第二次大戦後営々と築かれてきたルールに基づく国際貿易秩序は，次の3つの論理的根拠に基づき，支持に値するものとみなされてきた。第1は，その内容の正当性である。一般に自由貿易は，資源配分の効率性を高めて社会全体の厚生を向上させるという意味で望ましい。また，国際的な政策規律の根幹となる無差別原則は最恵国（MFN）待遇と内国民（NT）待遇という2つの部分か

ら成るが，これも経済学的あるいは政治経済学的観点から支持される。理論的には大国のケース，市場の失敗が存在するケースなどいくつか注を付す必要があり，また所得分配等も直接考慮されていないが，国際ルールが概ね正しい方向を向いていることは広く認識されてきた。

　第2に，WTO協定で加盟国が約束した政策規律については，貿易政策審査制度（Trade Policy Review Mechanism：TPRM）という一種のサーベイランス機能が設けられ，また国と国の間の貿易紛争のための紛争解決機関（dispute settlement body）も整備された。これらにより，貿易ルールの実効性が強化された。

　第3に，上記により貿易ルールが確立されることによって，国際貿易体制に安定性がもたらされた。各国の貿易・国際通商政策に一定の政策規律が課され，突然の政策変更や保護主義的政策の施行がかなりの程度避けられるようになった。このことは特に，複雑で時間にセンシティブな国際的生産ネットワークにとって重要であった。

　WTOを中心とする国際政策規律は，経済学的に厳密に評価するならば，諸々の問題を残している。国際協定の形で各国が合意できたものが国際ルールとなっているわけであり，妥協の産物として経済学的に見て望ましくない要素も混在している。たとえばアンチダンピング措置に関する規律については，以前から批判がなされてきた[1]。また，WTO成立後，まさに政策規律の有効性が高まったがゆえに，新たな政策分野にWTOのカヴァレッジを拡大することが難しくなってしまった。たとえば投資ルールは，長い間議論されながら未だにマルチのレベルでルール化できていない。さらには，WTO成立後20数年を経て，国際分業体制も大きく変化し，またデジタル技術も経済活動に大きな影響を与えつつある。新たな政策規律の需要に対し，WTOは十分に対応し切れていない。このように，WTOを中心とする国際政策規律はさまざまな問題を抱えているが，しかしそれでも，より自由な貿易への志向，無差別原則の貫徹は重要である。

　それが今，なぜ危機に陥っているのか。それは，米トランプ政権の一国主義に基づく貿易・国際通商政策を引き金に，世界中で国際ルールを無視ないし軽視する傾向が強まっているからである。

　これまでも米国は，常に WTO に忠実に行動してきたわけではない。特に WTO 紛争解決についてはかねてから不満を抱えており，敗訴してもすぐに勧告に従わないこともしばしばあった。これはたとえば，国際的評判に敏感で，WTO の判断に必ず反応する中国とは，ある意味好対照であった。しかし，米国は同時に，新たなルール作りを先導するルールセッターでもあり，各国がルールを守っているかを細かくチェックするルールの番人でもあった。米トランプ政権は，これまで米国が背負ってきたこのような役割を公然と放棄し，貿易・国際通商政策にパワー・ポリティックスをあからさまに持ち込んだという意味で，それ以前の政権とは一線を画す。米 1962 年通商拡大法 232 条の保護主義的運用，米 1974 年通商法 301 条の対中適用，米韓自由貿易協定（KORUS）や北米自由貿易協定（NAFTA）の見直しに伴う多くの保護主義的要素の混在，Huawei をめぐる一連の措置に象徴される全面的な対中経済戦争への構えなど，これまでの国際ルールの常識では禁じ手とされてきた数多くの政策が交渉上の脅しとして使われ，また施行されてきている[2]。

　そして，これらの米国の貿易・国際通商政策に対する各国の反応も，政治的にはやむを得ないと考える向きもあるが，国際ルールを守るという観点からは問題が多い。各国が発動した 232 条に対する対抗措置は WTO 整合性に疑義があり，また 301 条に対する中国の対抗措置は明らかに WTO の定める政策規律に反している。鉄鋼製品を中心に各国がセーフガード措置を乱発する傾向も強まっており，国際ルールの弱体化が懸念される。

　しかも，国際ルール崩壊の危機は，短期的な解決は難しく，中長期にわたって継続すると考えねばならない複数の理由が存在する。第 1 に，先進国の一部で台頭したポピュリズム，反グローバリゼーションの動きは，そう簡単に収まりそうにない。第 2 に，WTO 改革にはまだかなりの時間がかかりそうである。当面の問題は，米国が WTO 紛争解決の上訴審である上級委員会の委員の選任・再任をブロックしたため，2019 年 12 月以降，上級委員会は新たな案件を取り上げることができなくなったことである。交渉の場としての WTO の復権も，容易とは思われない。第 3 に，中国をはじめとする新興国の台頭は著しく，いかにしてこれらの国を国際ルールに取り込んでいくかが継続課題となっている。第 4 に，デジタル技術等新しい技術の経済活動への浸透が進んで

おり，それに対応する国際ルール作りが難航することが予想される。このような状況から，しばらくはこの危機が継続するものと考えて行動せざるを得なくなっている。

2．無差別原則の経済学的意義

　ルールに基づく国際貿易秩序の根幹，WTO 政策規律の中心である無差別原則の経済学的意義について，もう少し詳しく説明しておこう。

　先に述べたように，無差別原則は MFN 待遇と NT 待遇から成る。概念上，前者は外国 A と外国 B あるいは外国人 A と外国人 B を同等に扱うこと，すなわち「外々差別の除去」を意味する。後者は，輸入品と国産品あるいは外国人と自国民とを同等に扱う，すなわち「内外差別の除去」を求めている。経済学的には市場メカニズムによって価格裁定の余地がなくなることが資源配分の効率性という意味で望ましいわけで，その意味では全ての差別的扱いが除去されるべきと考えられる。

　しかし，現実の国際ルールは外交交渉の結果としての国際協定上の取り決めとして出来上がっているわけで，純粋な経済理論上の最適解とは少しずつ乖離していることは認識しておく必要がある。たとえばモノの貿易に関するGATT では，関税は交渉によって削減されるべき対象ではあるが，当面，関税による貿易保護は認められており，NT 待遇は間接税等の国内政策についてのみ適用される（GATT3 条）。また NT 待遇は，輸入品あるいは外国を国産品あるいは自国と「少なくとも同等に」扱うことを求めているのであって，前者を後者より優遇することは排除していない。MFN は GATT1 条に規定されているが，関税の存在が認められるのであれば，MFN 待遇の下で全ての相手国に対して関税を同じにしなければならないという経済学的根拠は，厳密には存在しない。理論的には，相手国別に異なる関税を設定した方が社会的厚生を高くできる可能性がある。サービス貿易に関する一般協定（GATS）では NT 待遇の部分を市場参入前の市場アクセス（GATS16 条）と参入後の内国民待遇（GATS17 条）に分けているが，前者はいわゆる量的規制のみをカバーし

ている。このように，あちこちで経済理論とのずれが生じているが，「外々差別の除去」，「内外差別の除去」を基本的な考え方として採用していることは意義深い。特に，個別の交渉力が弱いであろう小さな発展途上国であっても，他の WTO 加盟国と同等の扱いを得られることになる。

　さらに重要なのは，いったん定めた自由化約束からの一時的乖離あるいは撤回はそう簡単にはできない構造を組み込んでいることである。たとえばGATT 第 2 条は，各国が他の WTO 加盟国からの輸入品に課す関税の上限を定めた譲許表を提出するよう求めている。他の加盟国からの輸入品に対し実際に適用する MFN 実行関税は，この MFN 譲許関税と同じかもしくはそれよりも低くなければならない。アンチダンビング措置等の administrative protection と各種例外を除き，正面から WTO 譲許関税を超えて関税を引き上げるためには，いわゆる waiver を求めて他の WTO 加盟国の承諾を得る必要があるが，それが用いられた前例は極めて少ない。このことは，恣意的な政策変更を難しくすることによって国際貿易秩序に安定性をもたらしている。

　もちろん，各種の例外は許されている。RTAs に関する例外については次節で詳しく議論するとして，ここでは他の 2 つのタイプの例外について述べておこう。ひとつは一般例外（GATT20 条，GATS14 条）であり，公徳の保護，人，動物，植物の生命または健康の保護，美術的，歴史的または考古学的価値のある国宝の保護などを目的とする貿易保護を認めている。ただしそこでは，可能な限り貿易阻害的でない措置を用いること，偽装された保護貿易措置とならぬことを求めている。経済学は資源配分の効率性を基準に政策の適否を論ずるわけであるが，もちろんそれが社会で共有されている唯一の価値基準ではない。難しい問題であるが，効率性以外の価値基準の存在を認め，それとの間でうまく折り合いをつけていくことが重要である。

　もうひとつは安全保障のための例外である（GATT21 条，GATS14 条bis）。これも，直接的には経済効率の議論とは異なる価値との折り合いの問題である。ただし，たとえば GATT21 条には，「安全保障上の重大な利益の保護のために必要」かどうかは各国の自己判断に任せられていると読める記述がある。このことから，従来各国はこの安全保障例外をかなり抑制的に用いてきた。

　米トランプ政権の貿易・国際通商政策，とりわけ米1962年通商拡大法232条と米1974年通商法301条の適用は，これらの国際ルールにあからさまに挑戦するものである。正確に言えば，米国も米国なりの法的根拠を主張するわけで，最終的にはWTOの紛争解決で結論が出てからWTO非整合性が確定する。しかし，たとえば301条による関税の大幅な引き上げはGATT2条違反，関税の適用を特定国に限定しているのであればGATT1条違反，数量規制を用いるのであればGATT11条違反となることはほぼ明らかである。また，232条の恣意的適用は，GATT21条の下で安全保障上の保護の必要性を正面から論じなければならない場面を作り出す危険性を秘めている[3]。

3．地域経済統合と無差別原則

⑴　地域経済統合の先進性

　1995年のWTO設立はルールに基づく国際貿易秩序を確立するものとして大きな意味を持ったが，その後WTOの下での既存のコミットメントを超える自由化や国際ルール作りは難航した。新たに立ち上げたドーハ開発アジェンダは，ウルグアイ・ラウンドからの宿題（built-in agenda）となっていた農業，非農業市場アクセス，サービスのいずれの分野についても自由化交渉をまとめることができなかった。新たなルール作りも，貿易円滑化などごくわずかな例外を除き，ほとんど進まなかった。その裏側で国際通商政策の主要な場となってきたのがRTAsである。

　RTAsは，WTOではすぐに達成できそうもないより深い自由化，より広い国際ルール作りを目指すものとして進められてきた。Horn, Mavroidis and Sapir（2010）はWTO+（WTOプラス），WTO-x（WTOエクストラ）という概念を導入し，欧州連合（EU）と米国が締結した自由貿易協定（FTAs）においてWTOを超える内容がどれだけ盛り込まれているのかを整理した。WTO+とはWTOで一定の規律が約束されている政策モードであるがそれをFTAsでさらに深掘りしようとするもの，WTO-xはWTOでは取り上げられていない政策モードを指す。さらにHofmann, Osnago and Ruta（2017）は

WTO+ と WTO-x に加えて拘束力のある約束（binding）となっているか等の基準を加えて既存の FTAs を評価している。RTAs が通商交渉のリソースを使いすぎて WTO ベースの交渉をスローダウンさせたという側面も確かにあるかも知れないが，しかし自由化を志向する各国は遅々として進まない WTO にしびれを切らして RTAs が新たな境地を切り開いてきたということも確かである。

　RTAs は貿易を創出するか。この問題については，事前すなわち将来予測としては計算可能な一般均衡（CGE）モデルを用いたシミュレーション分析，事後評価については重力（gravity）モデルを用いた回帰分析が多数蓄積されてきた。前者は関税撤廃など特定された政策変更の経済効果を推計しようとするもの，後者は RTAs が総体として生み出した経済効果を事後的な貿易量の変化をとらえて計測しようとするものである。どちらのアプローチに基づいても，RTAs の域内国間貿易への影響に関してはおおむね正の効果があるとの結果が得られている。しかし，細かく見ると，地域経済統合によって効果は異なる[4]。当然のことながら，協定発効による関税等貿易障壁撤廃の幅が大きいほど貿易創出効果は大きい。また，地域経済統合に含まれる関税撤廃以外の政策モードの貿易創出効果についても，多くの実証研究が積み上げられつつある[5]。

　FTAs による特恵関税がどの程度利用されているのかについても，日本を含め東アジア諸国の貿易データの内訳が公表されるようになり，全貌が明らかになってきた。FTA 利用率を評価する際には，分子には FTA 特恵関税を用いた輸入額を置くとして，何を分母に持ってくるかをよく考えねばならない。もともと MFN 関税がゼロとなっている場合には FTA 特恵関税を使うインセンティブはないわけで，そのような品目は分母から除いて評価すべきである。また，詳しいデータを入手するのは容易ではないが，先進国による発展途上国からの輸入の場合には一般特恵関税（GSP）が適用されている場合もあり，発展途上国では輸出振興のために輸入原材料免税措置（duty-drawback）が用いられている時もある。これらを勘案すれば，中小企業や途上国企業の FTA 利用を高める措置は引き続き求められるものの，東アジアにおける FTA 利用率はそれほど低くないと評価することができる[6]。

以上のように，RTAs が WTO に代わって，さらなる自由化と国際ルール作りのためのフォーラムとして機能していることは，大方の同意するところとなっている。

⑵　地域経済統合と WTO の無差別原則

　問題は，RTAs と WTO 無差別原則とりわけ MFN 待遇との関係である。RTAs は域内国のみで貿易自由化を進めようとするものであり，本来，無差別原則の理念を大きく逸脱している。第二次大戦後，GATT 発足の時点ですでにヨーロッパの経済統合の動きは始まっており，地域統合例外を作らずにはそもそも GATT そのものが成立しないという状況にあった。そして現在，世界の主要国は全て，何らかの RTAs を有している。WTO 改革を訴えた 2004 年のサザーランド・レポート（WTO 2004）には，なかば自虐的に，我々はもはや MFN 原則の下にあるのではなく，MFN 関税を用いることは "least favored nations" 原則に従うこととなってしまうとの記述がある。

　国際貿易理論においては関税の経済効果分析が先行して展開されてきたわけだが，その中では特に RTAs に伴う差別待遇がもたらす負の経済効果が強調されてきた。RTAs の締結によって生じうる域内関税と MFN 関税との差は，直接的には，域内貿易によって域外からの輸入が代替されるいわゆる貿易転換を生み出す可能性がある。Viner（1950）の「関税同盟の理論」は，関税同盟（FTA であっても同様）締結によって加盟国自身の社会的厚生が低下してしまう理論的可能性を示したものである。これは厚生経済学におけるセカンド・ベスト・ポリシーの典型的なケースでもある。国際貿易論者は長い間，この Viner の「亡霊」に固執してきたが，おそらくこのようなケースはごくまれなミクロ的現象で，かりに負の経済効果が生じたとしても締結国自身が被るものでもあり，それほど気にすることはないであろう。問題は，貿易転換がもたらす域外国への負の経済的影響である。これも，これまでに得られているシミュレーション結果や実証的観察に照らせば，マクロ的にはごく小さいものと考えられる[7]。しかし，特定産業あるいは特定の輸出企業にしてみれば，関税差が生み出す不公平感は極めて明確な形で表れる。RTAs の形成によって無差別原則を逸脱して域外国に負の影響をもたらすことは非難されるべきとの主張に

は，十分に耳を傾ける必要がある。

　地域統合例外については，モノの貿易に関しては GATT24 条，サービス貿易については GATS5 条に規定があるが，その内容，運用とも大いに問題を抱えたものとなっている。

　GATT24 条では，「構成領域間の貿易を容易」にすることを目的とし，かつ「そのような領域と他の GATT 締結国との間の貿易に対する障害を引き上げること」を目的としない限りにおいて（24 条 4 項），一定の要件の下に自由貿易地域と関税同盟の締結を認めている。具体的には，第 1 に，締結前と比べ締結後の域外向け貿易障壁が高くなってはならないと規定されている。これは，貿易転換によって域外国が受ける被害を軽減するという意味で最低限必要な規定である。しかし，これだけでは域外国に負の影響をおよぼす危険性を全て除去したことにはならない。理論的にも実証的にも，域外向け貿易障壁の高さが変わらなくても，負の貿易転換効果は域外国に及びうる。第 2 に，自由貿易地域や関税同盟を作る以上，妥当な期間内に関税その他の制限的通商規則を構成地域間の「実質上すべての貿易」について廃止することを求めている。これは，地域統合が自由貿易促進の精神でなされるべきこと，域内国を利する恣意的な貿易障壁の設定を禁止することを意図したものと考えられる。しかし，「実質上すべての貿易」が何を意味するのかは明らかでなく，どれだけの自由化例外が認められるのかあいまいである。第 3 に，24 条は，上記の要件が満たされているかどうかを審査する作業部会を設置するため，自由貿易地域や関税同盟の結成を GATT/WTO に報告するよう求めている。この規定に基づいてこれまでも作業部会が設置されたことはあるが，同条に基づいて勧告が出されたことはない。つまり，24 条は運用面でも十分なチェック機能が働いていない。GATS5 条も GATT24 条に準じて設けられたものであるが，さらに曖昧さを残す内容となっている。

　このように，理論的にも実証的にも RTAs と WTO 無差別原則の溝は容易に埋められるものではないことが，以前から強調されてきた。国際貿易論者の多くも，1990 年代までは，地域主義を GATT/WTO を中心とする多角主義とは本質的に対立するものととらえ，後者を支持し，前者を非難する立場をとっていた。

　しかし，先に言及したサザーランド・レポートに象徴されるように，WTO
の下での自由化交渉や国際ルール作りが難航する中，次第に地域主義を排除す
べきものとするのではなく，どのように共存しながら WTO の復権を図るかが
模索されるようになっていった。
　最後に，RTAs といえども WTO の無差別原則が課されている部分がある
ことを指摘しておきたい。WTO における無差別原則の地域統合例外はモノの
貿易に関する GATT24 条とサービス貿易についての GATS5 条のみ設けられ
ている。それ以外で WTO が MFN 待遇あるいは NT 待遇を定めている部分，
たとえば知的所有権の貿易関連の側面に関する協定（TRIPS）においては，
RTAs に基づく差別待遇は WTO 上認められていない。地域主義と多角主義は
全ての面で真正面から対立しているわけではない。

⑶　無差別原則を促進する地域経済統合

　地域経済統合がマルチの貿易自由化を促進するのか（building block），ある
いは逆に阻害するのか（stumbling block）についても，貿易理論と実証研究
の両面で論争が繰り広げられてきた。特に理論・実証研究が集中してきた関
税に関しては，多くの理論・実証研究が積み上げられている。Estevadeordal,
Freund and Ornelas（2008）と Calvo-Pardo, Freund and Ornelas（2009）は，
それぞれラテンアメリカ諸国と東南アジア諸国の品目別関税データを分析し，
地域経済統合によって関税が削減された品目はその後 MFN 実行関税も引き下
げられる傾向があることを明らかにした。Freund and Ornelas（2010）が総
括しているように，少なくとも地域経済統合による関税削減が MFN ベースの
貿易自由化を妨げているという実証的な証拠は乏しい。
　地域経済統合は常に差別的との思い込みも再考の余地がある。地域経済統合
が WTO+，WTO-x へとその政策モードを拡大する中，そもそも域内国のみ
を優遇し域外国を差別することが難しい，あるいはそのためには多大なコスト
がかかってしまう政策モードも生じてきている。たとえば各種の貿易円滑化措
置などは，わざわざ FTA 域内国と域外国を区別して差別的待遇を設けるのは
かえって手間のかかるものとなってしまうのかも知れない。また，サービス貿
易であっても，モード1（越境取引）やモード2（国外消費）については，差

別待遇を設けること自体が容易でないかも知れない。いったんモノに関する関税の世界の外に出てしまえば，RTAs がそのまま MFN ベースの自由化や国際ルール作りにつながっていく場合もある。

4．メガ FTAs の現代的意義

　このように過去 20 年，東アジアにおいても，FTAs はさらなる自由化を促進し，新たな国際ルール作りを先導するものとして，評価されるようになってきた。しかしこれが，二国間 FTAs を主たる構成要素とする FTA ネットワーク形成からメガ FTAs の世界へとシフトしていくためには，もうひとつ越えねばならない心理的障害があった。それがスパゲティ・ボウル現象の幻想である。

　スパゲティ・ボウル現象とは，FTAs が五月雨式に，しかも時に重複しながら作られていくと，関税率表が複雑になってどの FTAs の特恵関税を用いるかに混乱が生じ，また異なる原産地規則によって原産地証明の遵守費用（compliance cost）が上がり，貿易が阻害されてしまうことを指す。これらの混乱は関税同盟では生じない FTAs 独特のものである。もしそのようなコストが大きなものとなるのであれば，そもそも FTAs は望ましくないという結論に達するか，あるいは錯綜した二国間 FTAs は廃棄して地域全体を一本でカバーするメガ FTA を作るべき，との政策論が導かれることとなる。しかし，よく考えてみれば，FTAs が錯綜してきてもそれによって貿易が減少するはずはない。確かに関税率表は長く複雑になってくるが，民間企業は複数の選択肢を吟味し，また原産地規則の遵守費用を支払うことも勘案しながら，自らにとって最適なスキームを選択する。もともとなされていた貿易を基準に考えれば，選択肢が増えるだけなのに貿易が減少するはずがない。それよりも，関税同盟を作るための大きな政治的コストを回避し，できるところから五月雨式に作っていけるという FTAs の利点を活かすことが大事である。

　この心理的バリアーが取り払われたことは，二国間 FTAs からメガ FTAs への移行を容易なものとした。すでに二国間 FTA を結んでいる国がこれから

作ろうとするメガ FTA のメンバー国であっても特に実害はない，二国が複数のFTAs で結ばれても民間企業は有利な方を選択するだけであって大きなコストが生じてくるわけではない，民間企業に使ってもらえるメガ FTA を作るには，それ以前の FTAs よりも深い自由化を目指す合意をすればいい。そういう考え方が次第に浸透した。

　これまで日本が関係してきたメガ FTAs を見てみよう。2008-2010 年に物品貿易に関して順次発効した日・ASEAN 包括的経済連携協定の場合，ASEAN 主要7カ国との二国間経済連携協定がほぼ先行して締結されていた。しかし，関税撤廃率は二国間協定とあまり変わらず，自由化の深掘りはできなかった。したがって，新たに日本が FTA で結ばれたカンボジア，ラオス，ミャンマーを除くと，この協定の FTA 利用は比較的小さい。日本と ASEAN10 カ国を同時にカバーする原産地規則が施行されることによって3カ国以上にまたがる生産ネットワークを展開しやすくなるという利点があるはずだが，そのような例は今のところそれほど目立たない。しかし，この協定をもって他の東アジア5カ国（韓国，中国，オーストラリア，ニュージーランド，インド）と並んで日本も ASEAN の FTA パートナー国となったことの意義は大きい。

　環太平洋パートナーシップに関する包括的及び先進的な協定（CPTPP，TPP11）は，11 カ国で署名に至り，2018 年12 月から翌月にかけて7カ国で発効した。この協定はこれまでの東アジア地域における FTAs よりもはるかに高いレベルの自由化を進めるものであり，地域全体の最終的な自由化目標を提示するものとなった。また，メガ FTAs の利点である国際ルール作りを進めるという意味でも，特に国有企業と電子商取引に関し，議論を喚起する役割を果たしている。日本はその他にも 2019 年2月に日 EU 経済連携協定を発効させ，東アジア地域におけるメガ FTAs 形成の動きを先導している。

　米トランプ政権発足後の世界貿易体制の混乱の中，メガ FTAs は，従来からのより深い自由化と国際ルール作りに加え，新たな意義を持つようになってきている。すなわち，グローバリゼーションに対する逆風に抗する pro-trade のミドルパワー・コアリションとしての役割である。

　現在，我々の頭越しに米中貿易戦争が行われている。今は一時休戦のような形となっているが，二国間貿易に課された高関税のほとんどはそのままとなっ

ており，両国の対立はさらに長期化する様相を見せている。米トランプ政権
は，中国に限らず主要な貿易相手国とは二国間交渉でよいディールを獲得し，
国内の支持層をキープすることに躍起になっている。日本をはじめとするアジ
ア太平洋諸国は米国と中国に挟まれ，国によって濃淡はあるが米国，中国のい
ずれとも密接な経済関係を有している。米中対立が激化し，どちらか片方を選
べと踏み絵を踏まされるような事態は，できる限り避けたいと考えている。そ
のために，自由貿易への志向を明確にし，二国間のディールに基づくパワー・
ポリティックスではなく，ルールに基づく国際貿易体制への支持の下，ミドル
パワーが結束することが必要である。CPTPP，日 EU EPA，そして交渉中の
東アジア包括的経済連携協定（RCEP）は，そのような意味を付加されるよう
になってきている。

　弱体化する WTO 中心の多角主義をメガ FTAs がどこまで補完できるかが
今問われている。貿易体制の安定化と国際ルール作りの先導という意味では，
一定の役割を果たすことはできそうである。しかし一方でメガ FTAs では，
WTO が TPRM で行っているようなサーベイランス機能は弱く，紛争解決も
規定はあってもほとんど利用されたことがない。トランプ政権後も多角主義の
弱体化が進むとすれば，メガ FTAs の果たしうる機能についてももっと深掘
りした議論を行っていく必要が生じてくるかも知れない。

おわりに

　第二次世界大戦後に築かれてきたルールに基づく国際貿易秩序は，自由化を
推し進め，また同時に貿易活動に際し直面する不確実性を減少させることに
よって，精緻な国際分業を可能にしてきた。完全無欠なルールではないにして
も，それがグローバリゼーションのもたらす恩恵を安定的に享受するための大
切なソフトインフラとして働いてきたことは疑いない。今，ルールセッターで
ありルールの番人であった超大国米国が公然とルールを無視し，目先のディー
ルに走るようになってきたことは大変憂慮すべきことである。国際貿易の世界
までもパワーポリティックスに蹂躙されてしまうことを恐れるのであれば，

我々はできることを全てやらねばならない。課題は，マルチルールの総本山である WTO の復権と，次善の策としてのメガ FTAs の活用である。

注
1 ）たとえば Finger（1993）参照。
2 ）通商拡大法 232 条と通商法 301 条の適用等をめぐる法的議論については，川瀬（2019）が明解な解説を加えている。
3 ）以上の法的議論については川瀬（2019）および CISTEC 事務局（2019）参照。特に後者は，2019 年の日本の対韓輸出管理の強化の法的論点について，明確な解説を加えている。
4 ）東アジアにおける FTAs の貿易創出効果については Yamanouchi（2019）参照。FTA ごと，当事国ごとに効果は異なるとの結論が得られている。
5 ）たとえば，Hayakawa and Kimura（2014），Hayakawa, Kimura and Nabeshima（2014）参照。
6 ）Hayakawa, Kimura and Laksanapanyakul（2018）は世界各国の輸入における関税減免率（MFN関税に比しさまざまな特恵関税により減免される関税の比率）を簡便に計算する方法を開発した。それによると，サンプルに含まれる東アジア 10 カ国平均の関税減免率は 54%（2012 年あるいはそれ以前のデータがとれる年）であった。この数字はその後さらに上昇しているものと予想される。
7 ）Freund and Ornelas（2010）参照。

参考文献
川瀬剛志（2019）「WTO ルールとトランプ政権の通商政策」馬田啓一・浦田秀次郎・木村福成・渡邊頼純編『揺らぐ世界経済秩序と日本：反グローバリズムと保護主義の深層』文眞堂，87-108 頁。

CISTEC 事務局（2019）「安全保障輸出管理と GATT21 条（WTO の安全保障例外条項）について：日本の対韓輸出管理運用見直しに対する韓国の WTO 提訴に関連して」10 月 8 日（http://www.cistec.or.jp/service/kankoku/191008gatt21.pdf）。

Ando, Mitsuyo and Fukunari Kimura (2005), "The Formation of International Production and Distribution Networks in East Asia," in Ito, T. and A. K. Rose, (eds.), *International Trade in East Asia (NBER-East Asia Seminar on Economics, Volume 14)*, The University of Chicago Press, pp. 177-213.

Baldwin, Richard (2016), *The Great Convergence: Information Technology and the New Globalization*, Cambridge, MA: The Belknap Press of Harvard University Press.

Calvo-Pardo, Hector, Caroline Freund and Emanuel Ornelas (2009), "The ASEAN Free Trade Agreement: Impact on Trade Flows and External Trade Barriers," Policy Research Working Paper 4960, The World Bank.

Estevadeordal, Antoni, Caroline Freund and Emanuel Ornelas (2008), "Does Regionalism Affect Trade Liberalization toward Non-Members?" Policy Research Working Paper 4751, The World Bank.

Finger, J. Michael (1993), *Antidumping: How It Works and Who Gets Hurt*, Ann Arber: University of Michigan Press.

Freund, Caroline and Emanuel Ornelas (2010), "Regional Trade Agreements," Policy Research Working Paper 5314, The World Bank.

Hayakawa, Kasunobu and Fukunari Kimura (2014), "How Much Do Free Trade Agreements Reduce Impediments to Trade?" *Open Economies Review*, Published on line, October 24.

Hayakawa, Kazunobu, Fukunari Kimura and Nuttawut Laksanapanyakul (2018), "Measuring the

Usage of Preferential Tariffs in the World," *Review of World Economics* (*Weltwirtschaftliches Archiv*), Vol. 154, No. 4, pp. 705-723.

Hayakawa, Kazunobu, Fukunari Kimura and Kaoru Nabeshima (2014), "Nonconventional Provisions in Regional Trade Agreements: Do They Enhance International Trade?" *Journal of Applied Economics*, 17, May, pp. 113-138.

Hofmann, Claudia, Alberto Osnago and Michele Ruta (2017), "Horizontal Depth: A New Database on the Content of Preferential Trade Agreements," Policy Research Working Paper 7981, The World Bank.

Horn, Henrik, Petros C. Mavroidis and Andre Sapir (2010), "Beyond the WTO? An Anatomy of EU and US Preferential Trade Agreements," *The World Economy*, ??, pp. 1565-1588.

World Trade Organization (WTO) (2004), "The Future of the WTO: Addressing Institutional Challenges in the New Millennium," Geneve: WTO. Report by the Consultative Board to the Director-General Supachai Panitchpakdi, by Sutherland, Peter (Chairman), Jagdish Bhagwati, Kwesi Botchwey, Niall FitzGerald, Koichi Hamada, John H. Jackson, Celso Lafer and Thierry de Montbrial.

Yamanouchi, Kenta (2019), "Heterogeneous Impacts of Free Trade Agreements: The Case of Japan," *Asian Economic Papers*, 18 (2), pp. 1-20.

（木村　福成）

第4章
東アジア経済統合と安全保障の連関：
国際政治学の視点

はじめに

　国際政治学の見地から東アジアにおける貿易と安全保障の連関を考察することが本章の課題である。通商関係を経済学ではなく政治学の見地から見る際には，大きく分けて2通りの「政治」の見出し方がある。ひとつは国内の政策決定過程，特に利益集団からの働きかけを分析するものである。もうひとつは通商と他のイシュー，特に安全保障との連関を分析するものである。本章はこの内，後者に絞って考察を行う。この場合の「安全保障」とは基本的に他国からの武力を用いた脅威からの安全，という伝統的な意味を指している。「貿易」についてはモノの流れだけではなく東アジアにおける種々のFTAやTPPという制度も取り上げる。

　その際，本章では「貿易と安全保障」というテーマについて，国際政治学における一般的・理論的な研究においてどのような知見が蓄積されておりどのような論争が存在するかという点を整理した上で，東アジアにおける貿易と安全保障について考える，という手続きを取りたい。理由としては第1に，それによって東アジアを見る際にどのような点に着目すればよいかがあらかじめ明らかになるからである。第2に，一般的に指摘されている傾向との違いがあればそこから東アジアの特徴が浮かび上がるからである。

1. 貿易と安全保障：一般的・理論的研究

　本節では貿易と安全保障の連関について，主に国際政治学の見地から整理したい。その際，第1項で「貿易（量）と安全保障」の関係について述べ，第2項で「FTAと安全保障」の関係について述べていくことにする。

⑴　貿易と安全保障

　まず，貿易と安全保障の関係については，因果として「安全保障要因が貿易に与える影響」（安全保障→貿易）と「貿易が安全保障に与える影響」（貿易→安全保障）の2通りが考えられる。順に述べていく。

　まず，前者については，「武力紛争が起これば貿易量は減る」という点についてはかなりの程度，意見の一致を見ている（Glick and Taylor 2010）。戦争が起こればその当事国間での貿易量は減少する，ということである。武力紛争が貿易を減らすメカニズムとしては，物理的に輸送が難しくなる，国家が敵対国との貿易を停止する，市民が自発的にボイコットを行う，などが挙げられている。

　戦争以外の安全保障要因として挙げられるのが，「同盟国同士は貿易量が多い」という指摘である（Gowa and Mansfield 2003）。すなわち，同盟という安全保障要因が貿易量を増やす，ということである。これについても異論はあるが，計量分析の結果としては概ね一致を見ている。重要なのはメカニズムとして提示される「安全保障外部性（security externality）」である。これは貿易で得た利益が軍事費へと転化されることを指す。したがって，敵対国と貿易をすることはその国を軍事的に強くすることにつながり，ひいては自国の安全保障を危うくする。それに対し，同盟国との貿易であればたとえその国の軍事力を強化することになってもそれは自陣営の軍事力を増大する効果を持つことになり，むしろ自国の安全保障を向上させることにつながる。よって同盟国同士の貿易のほうが好まれる，というわけである。

　次に，後者の「貿易が安全保障に与える影響」（貿易→安全保障）について

見ていく。具体的には，「貿易量が増えれば武力紛争は減るのか」という問題
である。こちらは論争的な研究分野であり，計量分析のレベルでも「減る」と
いう主張が多いものの，「関係がない」「増える」という主張も存在する。まず
は理論的なメカニズムについて整理したい。

　貿易が国家間武力紛争を減らすという理論は「商業的平和」などと呼ばれる
が，そのメカニズムとしては，2点挙げられる（Hegre et al. 2010）。第1に，
機会費用の問題である。すなわち，貿易量が増える，つまり相互依存の度合い
が高まるということは，武力紛争によってその関係性を断ち切ることのコスト
が高くなるということを意味する。したがって経済的なコストが大きいために
武力紛争を起こすことが合理的ではなくなる，ということになる。関連して，
その場合には貿易関係の継続を望む国内アクター（輸出業者や国内世論一般）
から，政府に対して圧力がかかることも予想される。そのようなロビー活動の
結果として武力紛争の勃発が回避されることになる。

　第2に，貿易量が多ければ危機の際に信頼性のあるシグナルを送ることがで
きる，というメカニズムである。詳細は省略するが，交渉理論に基づく戦争発
生のモデルでは，危機が起こった際に自国の他国に対する脅し（要求を呑まな
ければ戦争に踏み切る）の信頼性が，実際に戦争が起こるかどうかを左右する
とされる。戦争は貿易も投資も減らすという意味で自国にコストのかかるもの
であると共に，戦争が起こりそうな状況においても程度差はあれ同種のコスト
がかかる。そのような経済的損失にもかかわらず脅しをかけるということはコ
ストのあるシグナルを発しているということになり，自国の断固たる決意を示
すことができる，という議論である。

　以上，貿易が国家間武力紛争を減らすという議論を整理した。いずれのメカ
ニズムにおいても先に触れた「武力紛争は貿易量を減らす」ことが前提になっ
ている点には注意を促したい。このような議論に対し，正反対の主張，すなわ
ち「貿易が国家間武力紛争を増やす」という主張も存在する。その理由として
は何が考えられるだろうか。この議論の軸になるのが「依存度の違い」である
（Barbieri 2002）。すなわち，相互依存とは言っても実際には貿易関係が非対称
であることはありうる。そのような依存度の違いあるいは経済的な従属は，相
手国の自国への政治的操作を可能にしてしまうという意味で，両者に軋轢を生

むことになる。したがって，依存度の違いが政治的対立を招くことになる。別の理由としては，上記の機会費用があるために相手国は譲歩するはずだと想定し過度な要求などの瀬戸際政策を誘発する，というものもある。

このような理論的な対立を背景に1990年代以降，膨大な計量分析が行われ，互いに矛盾する結果が提示されてきた。結果が収斂しない理由としては，手法・変数・サンプルそれぞれの選択の違いということになるだろうが，加えて内生性の問題も指摘できる。貿易量と武力紛争の生起確率にロバストな相関があったとして，上で述べたように因果においては双方向性がある。すなわち，平和だから貿易量が多いのかもしれないし，貿易量が多いから平和なのかもしれない，その両方なのかもしれない。したがって，この点を統制する必要がある。さらに，いわゆる重力モデルにおいて提示されるような貿易量を規定する諸要因（経済の規模，地理的距離，文化的距離）は，同時に武力紛争の発生にも強く影響する。そうなると，貿易量と武力紛争の相関は見せかけのものにすぎないという可能性も考慮しなければならなくなってくる。

まとめると，「安全保障が貿易に与える影響」については，「武力紛争は貿易量を減らす」「同盟関係は貿易量を増やす」といった傾向が指摘されている。他方，「貿易が安全保障に与える影響」については「貿易量が増えれば，武力紛争は増えるのか減るのか」という点について論争がなされており，見解は収斂していない。ただ，「減る」という「商業的平和」の議論の方が多くの支持を得ているとは言える。

⑵　FTAと安全保障

次にFTAと安全保障の関係に移りたい。FTAを扱うということは，単なる貿易量ではなく制度としての要素も議論に入ってくることになる。この場合も，因果として「安全保障要因がFTAに与える影響」（安全保障→FTA）と「FTAが安全保障に与える影響」（FTA→安全保障）の2通りが考えられる。

まず，後者の「FTAが安全保障に与える影響」（FTA→安全保障）すなわち，「FTAを結んだ国同士は戦争をしにくいのか」という点から考察してみたい。これについても，概ね「FTAは平和につながる」という主張で一致を見ている（Mansfield and Pevehouse 2000）。

　理由としては，3点考えられる。第1に，FTAに由来する恩恵を損なうことは合理的ではないから，というものである。恩恵として具体的にはFTAを結ぶことは貿易量を増やすことの他，投資を増やす，さらには特定のFTAに属することは多国間の自由貿易交渉において交渉力を増すことにつながる，といった理由が考えられる。これは上記の機会費用による貿易の戦争抑止効果と類似した論理である。第2に，制度ならではの理由として，他のFTA構成国の軍事的な能力や意図についての情報が得られる場合がある。これは（特に途上国の）地域貿易制度は時に同時に安全保障上の機能も具備していることがあることに由来する。具体的には，湾岸協力会議（GCC）や西アフリカ諸国経済共同体（ECOWAS）が挙げられる。第3に，首脳やその他各種高官が定期的に会合を開くことによって達成される信頼醸成である。これは言わば，FTAのフォーラムとしての機能を重視するものであり，定期的に顔を合わせる中で相互不信が緩和されるという議論である。具体的には，南米のメルコスルなどが挙げられる。

　これまではFTAのメンバー内の関係性について述べてきたが，メンバー外の国との国際関係への影響についても指摘できる。まず，FTAの抑止効果である（Aydin 2010）。すなわち，FTAの構成国の内の1カ国を非構成国が攻撃した場合，他の構成国が共に反撃してくる見込みが高くなる，という議論である。理由としては，同じFTAを構成しているために経済的関係性が密でありそれを維持しようとする，という経済的利益の存在が挙げられる。したがって，攻撃に対して集団防衛を行うという抑止（あるいは脅し）の信頼性がFTAによって上がるとされる。また，FTAはメンバー内の武力紛争は減らしても，メンバー外とのそれは増やしてしまう，という指摘もある（Hadjiyiannis et al. 2016）。

　次に，「安全保障要因がFTAに与える影響」（安全保障→FTA）についてである。最も議論が重ねられてきたのが，FTAの「締結」である。どのような国同士がFTAを結びやすいのか，という点についてはこれまで地理的な距離や経済規模，文化的同一性，政治システム（民主主義か権威主義か），社会的及び環境基準などが指摘されてきたが，それに加えて安全保障要因として指摘されるのが「同盟」である。すなわち，同盟国同士はFTAを形成しやすい

(Gowa and Mansfield 1993)。なぜか。この場合も安全保障外部性による説明になる。つまり，FTA によって得られた経済的利益は軍事的能力へと転化されるという意味で外部性を持っているが，相手が自国の同盟国ならばそれはむしろ自国の安全保障を高める，というわけである。

　ただ，この点において興味深いのは，政治的対立はむしろ FTA の形成を促すという議論も存在するということである（Vicard 2012）。すなわち，上で述べたように FTA を結んだ国同士は武力紛争が少なくなるという「FTA の平和創出効果」があるならば，むしろそれを狙って不安定な国際関係を安定化させる，ということである。つまり国際関係の安定化装置としての FTA ということであり，当然ながら武力紛争の火種を抱える国家同士のほうがそのような制度を必要とする，というわけである。確かに，第二次大戦後の欧州統合はこの事例として捉えうるだろう。したがって，安全保障外部性を重視すれば政治的な対立は FTA 形成を阻害することになり，平和創出効果を重視すれば政治的な対立は FTA 形成を促進することになる。この点はそもそもこのような対立（あるいは矛盾）の構図が存在するのだという認識があまりなされていないことを含め，既存研究で十分に消化されていない問題である。

　最後に，近年進展が著しい，貿易自由化に対する個人の選好について述べたい。どのような人が自由貿易を支持し，どのような人が反対するのか。より踏み込んだ問題意識としては，本当に自由貿易への個人の選好はストルパー・サミュエルソンの定理から想定されるようなものになっているのか。近年，主にサーベイ実験の手法によって実証的に示されているのは，必ずしも人々は個々の経済的利益で自由貿易への支持不支持を決めていない，ということである（Rho and Tomz 2017）。例えば，むしろ自分という個人よりは一国単位（例えばアメリカ全体）の利得を考慮するというある種の利他性を有することが指摘される。では，本章のテーマである安全保障についてはどうだろうか。すなわち，個人は自由貿易への賛成／反対を考える際に安全保障要因を考慮するのだろうか。非常に有望な研究テーマではあるが，現在のところでは実証的な分析はほとんどない。この点については TPP の文脈で若干触れてみたい。

2. 東アジアにおける貿易と安全保障の連関

　本節では以上の一般的・理論的な研究において指摘されていることを基に，東アジアにおける貿易と安全保障の関係について見ていきたい。

(1) 貿易と紛争──「政冷経熱」と「長い平和」

　まず，東アジアにおける貿易と安全保障について指摘すべき傾向は3点ある。第1に，東アジアは政治的対立が激しい地域である。台湾海峡をめぐる対立と朝鮮半島という冷戦構造を引き継いでいるという意味でも火種を抱えた地域であるが，加えて，日中・日韓・南シナ海では領土紛争が継続しており，日中・日韓においては歴史的経緯も踏まえたナショナリズムに基づく対立も根深い。軍事費も特に中国においては顕著な伸びを見せている。アメリカという域外大国の関与もあいまって，権力政治と対立に満ちた地域であるとされる。

　他方で，第2に，平和を比較的長期に亘って実現してきたという傾向も指摘しなければならない。北東アジアであれば1953年の朝鮮戦争以来，東アジ

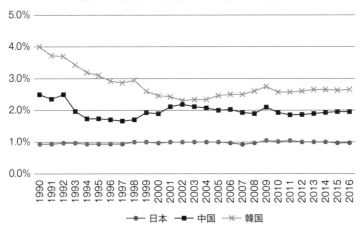

図 4-1　日中韓の軍事費 GDP 比（1990 年-）

出所：SIPRI, *Military Expenditure Database* をもとに筆者作成。

アであれば 1979 年の中越戦争以来，本格的な国家間戦争は起こってこなかっ
た。小規模の戦闘では 2011 年のタイ・カンボジア間のプレアビビア寺院周
辺の領有権をめぐっての紛争が挙げられるが，それ以前となると 1988 年に
なる。このような傾向は「東アジアの長い平和」と呼ばれている（Kivimaki
2014）。軍事費にしても，実は GDP 比にしてみると特に拡張の傾向が見られ
るわけではない（図 4-1）。

　第 3 に，経済的相互依存は，特にアジア通貨危機以降，進展してきた。図
4-2 は日中韓の間の貿易量の顕著な伸びを示しているし，図 4-3 は域外国と対
比して域内の貿易比率が高まっていることを示している。同様のことは投資に
ついてもあてはまる（Goldstein and Mansfield 2012）。加えて特筆すべきは，
東アジアにおける生産ネットワークの進展である。すなわち，産業単位ではな
く，生産工程やタスクを単位とする国際分業が東アジアにおいては急速に発展
してきた（木村他 2016）。その意味で東アジアは単なる相互依存の進展では括
りきれない，新たな形の深い経済統合の過程にあると言える。

　以上の 3 つの傾向，並びに前節で概観した理論的な知見を踏まえると，東ア

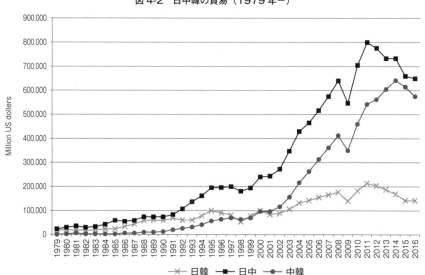

図 4-2　日中韓の貿易（1979 年-）

出所：International Monetary Fund, *Direction of Trade Statistics* をもとに筆者作成。

図 4-3　東アジア域内貿易のシェア（1979 年ー）

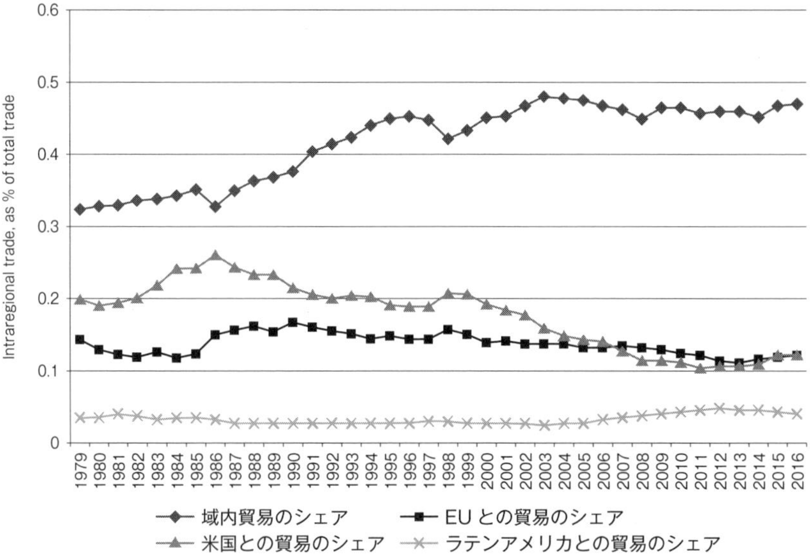

注：ここでの「東アジア」は日本，中国，韓国，ASEAN，香港を指す。
出所：International Monetary Fund, *Direction of Trade Statistics* をもとに筆者作成。

ジア国際関係においては2つの主張が可能である。ひとつは，いわゆる「政冷経熱」である。これは前節で述べた理論的予測とは違い，東アジアにおいては政治面における対立や紛争の激しさにもかかわらず経済面における相互依存が進展してきたというパズルを指摘するものである。平易な言い方をすれば，政治と経済の関係が切れているのが東アジアの特徴なのだ，ということになる。このような傾向が特に顕著なのが日中関係である。

　もうひとつは，「商業的平和」である。すなわち，これほど対立の火種があるにもかかわらず「東アジアの長い平和」が実現されてきたのは，経済的相互依存のおかげである，という議論である。特に，東アジアにおける生産ネットワークの進展は，武力紛争のコストを著しく高めていると考えられる。ただ，ここで指摘すべきは，域内平和という従属変数に対する対抗仮説の存在である。すなわち，「東アジアの長い平和」は基本的には経済要因ではなく，アメリカおよびその同盟網の存在によって説明されることも多い（Pempel 2013）。

　これら2つの主張はそれぞれ異なる現象と経済的相互依存の関係に注目しており，どちらのほうが正しいか，という類のものではない。「政冷経熱」は相互依存と政治的対立の関係に注目し，「商業的平和」は相互依存と武力紛争の勃発の関係に注目している。つまり，両者では国家間の対立という意味では同じでも強度が異なる。ただ，これら2つの主張のいずれの検証においても，分析の焦点を対立が一時的に深刻化した時点に絞ってみるのが有用である。すなわち，政治的緊張が高まった時にそれが経済関係にどのような影響を及ぼしたのかを観察する。具体的には，①政治的緊張の高まりは貿易を減らすのか，②政治的緊張の高まりの際に経済アクターがその緩和のために何らかの活動をするのか，という2点について考察してみたい。

　まず，①政治的緊張の高まりは貿易を減らすのか，について考察する。これは安全保障と経済が本当に切れているのか，という意味で「政冷経熱」を再検証することになる。例えば，日中関係においては，2001年から2006年の小泉政権期には首脳訪問が中断され，2005年には中国で大規模な反日デモが発生し，2010年には中国の漁船の船長が逮捕されたことから緊張が高まり，さらに，2012年の尖閣諸島国有化をきっかけに緊張はエスカレートして大規模な反日デモが発生した。日中関係が「政冷経熱」と言われるのは，このような両国間の政治的緊張が経済関係を頓挫させることはなかったように見えるからである（Davis and Meunier 2011；Katz 2013；アームストロング 2016）。政治的対立が高まっても貿易量に深刻な影響が出ないこと自体の理由としては，企業にとっては生産ネットワークの進展とともに撤退や移転にかかるコストも増大したため，多少政治的・社会的に不安定になろうと経済関係を見直すあるいは縮小させることはできない，ということが考えられる。

　とは言え，もちろん，東アジアにおける政治的緊張の高まりが経済関係を全く損なわないと言うわけではない。例えば南シナ海領有権問題においては2012年のスカボロー事案を受けて，中国はフィリピンに対して経済的な圧力をかけた。すなわち，バナナなどフィリピンから中国へ輸出される農産物の検疫を強化し実質的な輸入規制を行ったり，政府の要請により多くの中国の旅行代理店がフィリピンへの団体ツアーを中止した（庄司 2014）。日中関係でも2012年の尖閣国有化を受けて，中国国内で日本製品のボイコットが行われた。

　そう考えると，結局はどの程度深刻な影響を与えたのかという「程度問題」に行きつく。中比関係にしても，所詮バナナと観光が一時的に落ち込んだだけではないか，という見方もあるだろう。貿易にしても，図4-2, 4-3 にしろそれを月単位にしたものにしろ政治的対立の影響を看取するのは難しいかもしれない。ただ，全ての品目を総計するのではなく，品目ごとに分けて分析するなどの精緻化を行った近年の計量分析では政治的対立による負の影響が指摘されており，その意味で「政冷経熱」のような見方も挑戦を受けつつある（Fuchs and Klann 2013）。2012年9月の尖閣国有化においても，原材料や中間財においては影響が小さいものの，日本から中国への自動車やカメラなどの消費財の輸出においては負の影響が指摘されている（Heilmann 2016；Li and Liu 2019）。確かに，2012年11月に日本自動車工業会会長は，中国におけるボイコットについて「少し明るさは戻ってきたとも聞くが，厳しい状況が続いている」とした上で「いち早く両国がもとの友好関係に戻ってほしい」と述べている（『日本経済新聞』2012年11月19日）。

　したがって，産業によっては一定期間，政治的対立による負の影響はあると考えられる。ただ，最後に指摘しておきたいのは，国際協力銀行の『わが国製造企業の海外事業展開に関する調査報告』の関連する年度の刊によると，日本企業にとって中国においてビジネスを行う際の最大の懸念は，社会的不安定というカントリーリスクではなく，人件費の向上となっていることである。企業にとって重要なのは政治面よりも人件費だ，ということになる。そう考えるとやはり全体としてみると「程度問題」としては，政治的対立の影響は限定的だという結論になるのではないだろうか。

　次に，②政治的緊張の高まりの際に経済アクターがその緩和のために何か活動していたのか，という点に移りたい。これは，商業的平和の理論においてはそのメカニズム（のひとつ）として紛争緩和のためのロビー活動が想定されているのを踏まえ，東アジアにおける長い平和の背景として本当にそのような力学が作用しているのかを実証的・直接的に検証する試みである。事例として日本を取り上げてみると，まず2006年の小泉首相の靖国参拝に対しては，財界レベルにおいても企業レベルにおいても懸念の談話のようなものを超えた具体的な政府への働きかけは乏しかったという指摘がなされている（Davis and

Maunier 2011)。確かに，その後の2010年の中国漁船衝突事件や2012年の尖閣国有化，2013年の安倍首相の靖国参拝を見ても，これらはいずれも中国との間で政治的緊張の高まりを呼んだが，経団連や経済同友会などの財界レベルにしろ企業レベルにしろ，懸念や改善の期待の発言を多少収集することはできても，具体的な働きかけとしては目立つものはない。

　このようなロビー活動の不在という傾向はどのように理解すればよいだろうか。経済アクターは政治的緊張が深刻にはあるいは長期に亘って経済関係を損なうものではないと予測していた，というのはありうる解釈だろう。すなわち，政府レベルで紛争が収拾されることを予測していたということである。例えば2010年9月7日の中国漁船衝突事件を受けて，日本商工会議所の会頭は「日本と中国は相互に補完関係にある。関係が崩れることは双方にとってよくないことだから，基本的に大きな問題になることはないと思う」と述べている（『朝日新聞』2010年9月22日）。この発言などはまさに機会費用が高いために相互依存は武力紛争を防ぐという理論的な見解が，経済アクターのレベルでも共有されていることを示している。

　以上，国際政治学の理論を下敷きに，東アジアにおける貿易と安全保障について述べた。まず，理論では武力紛争は貿易を減らすことが指摘されていた。東アジアでは武力紛争まではいかないものの，政治的対立は苛烈である。そして，その政治的対立自体は，貿易への影響は限定的である，というのがここでの結論である。その意味で，武力紛争と政治的対立の違いという留保はあるものの，東アジアでは理論が予測するところは異なる傾向が見られる（政冷経熱）。次に，「商業的平和」の理論では相互依存関係にある国家間では政治的緊張が起こった際にはロビー活動により対立を抑制させようとする動きがある事が指摘されていた。しかし，東アジアにおいては，ロビー活動による紛争の鎮静化という，理論研究において想定されるメカニズムはあまり見られない。ただ，そのことは相互依存が平和に寄与していないということを意味するわけではない，というのが2つ目の結論になる。逆に言うと，東アジアの事例は新たなメカニズムの提示という意味で，「商業的平和」の理論自体をアップデートする視点を提供してくれると言える。これについては末尾で述べたい。

(2)　東アジアにおける FTA の政治的側面

　次に，東アジアにおける貿易制度，特に各種 FTA と安全保障の関連を見ていきたい。上記の理論を基に，まずは安全保障要因が FTA の締結に影響を与えているか，という点を見てみたい。

　東アジアにおける FTA は通貨危機以後，急激に増加した。その背景として，レイヴェンヒルは，① FTA への参加は政府主導であり自由化を推進しようとする企業などの非国家主体の意向が反映されたという性格は薄い（市場主導ではない），② FTA の目的は経済的な利益ではなく主に政治外交上の利益である，という 2 点を上げ，FTA の増加は「政治的ドミノ」であると指摘している（Ravenhill 2010）。

　では，具体的な事例としてはどのような形で FTA の締結と安全保障のリンケージが見られるだろうか。最も分かりやすいのがアメリカの FTA 戦略である。すなわち，アメリカは時に，同盟国との関係強化，その地域におけるプレゼンスの確保，アメリカの政策への支援／支持に対する報酬，といった政治的目的のために対象国と FTA を締結してきた。これはレーガン政権時の 1985 年のアメリカ－イスラエル FTA など冷戦終結以前からも見られるが，本格化したのは 9・11 以後のブッシュ政権においてである。2002 年 9 月には G・W・ブッシュ大統領は米国の国家安全保障戦略の中に FTA 政策を位置づける声明を発表した（US President 2002）。また，同時期に通商代表部のロバート・ゼーリックは米国は「歴史，地理，安全保障，その他の紐帯」に基づいて FTA を締結すべきとしている（*The Economist*, December 7, 2002）。

　このような方針の下，具体的には，ヨルダン（2000 年），モロッコ（2004 年），バハレーン（2004 年），オマーン（2005 年）との FTA はこのような安全保障面の動機が主であるし，東アジアにおいてもシンガポール（2003 年），オーストラリア（2004 年），韓国（2007 年）との FTA ではいずれにおいても安全保障要因が一定程度の重要性を占めている。これらはアフガニスタン・イラク戦争をはじめとするアメリカの対外政策への支援／支援に対する報酬という面や（この点においてアメリカの対オーストラリアと対ニュージーランドの FTA 政策の差別化は興味深い），中国が台頭する中，それに対抗して同盟関係を強化するとともに東アジアに対する関与を深めるという意味合いがあった。

実際，例えばシンガポールとは FTA 締結の直後の 2003 年 10 月に戦略的パートナーシップ協定を結ぶなど，経済面と軍事面の協定が足並みを揃えて進んだ。他方，これらの FTA は締結相手のシンガポールや韓国にとっても経済的な利益の他，アメリカの東アジアへの関与を固定化させる，中国とのバランスをとる，といった戦略的な目的があった。

　このように 9・11 以後はアメリカの貿易政策の「安全保障化」が顕著であるが，それ以外の国においても FTA と安全保障のリンケージは指摘できる。具体的には，日豪経済連携協定（2014 年）も中国への対抗という側面の他，同盟国同士の関係を強化させようとするアメリカからの働きかけもあった（Capling 2008）。また，やはりこの場合も 2007 年に「安全保障協力に関する日豪共同宣言」が採択されており，FTA 交渉と安保協力が並行して進んでいる。

　中国については，2001 年の中 ASEAN 首脳会議で合意された ASEAN 中国 FTA は安全保障面の目的が主であった。すなわち，中国から FTA を提案し，かつアーリーハーベスト条項など ASEAN 側が合意しやすい内容にしたことは，自身の平和的台頭を印象付けるためであったのである。急速に国力を増大させ，南シナ海という火種も抱える中国が，ASEAN 諸国に安心を供与するための手段が ASEAN 中国 FTA であった，というわけである。これはほぼ同時期の 2002 年に，南シナ海領有権問題において ASEAN との間で「南シナ海における関係諸国行動宣言」に合意したこととも符合する。実際，胡錦濤政権は 2007 年の「第十七回党大会報告」の「解説」において FTA の 6 つの効用のひとつとして，「中国脅威論を打ち消す」ことを挙げている（三宅 2016, 106 頁）。

　このように，東アジアの FTA 政策にはその背景的な要因のひとつとして，安全保障の存在を指摘することができる。特に，大国が小国と締結する FTA にはその性格が顕著である。

3．TPP はいかなる意味で「単なる貿易協定ではない」のか？

　最後に，TPP と安全保障の関係について述べたい。両者の関係性について

現段階において考察すべきは，TPP を推進する動機として安全保障要因は存在してきたか，非参加国や参加検討国は TPP に安全保障の要素を読み取ってきたか，という点だろう。本節では特にアメリカ，日本，中国を対象として分析したい。

　TPP 推進の動機として，これまで各国はどのようなものを挙げてきただろうか。言い換えると，TPP をどのように正当化してきただろうか。答えは多岐にわたるが，大きくは以下の 3 つに分けられる。第 1 に，経済面での恩恵である。輸出の促進や雇用の創出といった直接的なものに加え，FTA の激増によるいわゆる「ヌードル・ボウル」状態の解消も挙げられる。第 2 に，アジア太平洋における通商のルール作り，ひいては今後の自由貿易協定の「テンプレート」の作成という側面である。TPP においては知的財産権の保護，国有企業に対する優遇撤廃環境，労働者の権利保護，環境保護，電子商取引やサービスの規制緩和，投資をめぐる紛争処理など既存の FTA にはないルールが多く盛り込まれており，「21 世紀型の貿易協定」と銘打たれている。第 3 に，安全保障，特に同盟関係あるいはパートナーシップの強化である。特にアメリカの東アジアへのコミットメントをめぐるシグナルの信頼性を上げるという役割を TPP が果たすという機能である。2 点目と 3 点目が挙げられているという点において，確かに TPP は単なる貿易協定ではない。

　この際に重要なのは，この 2 点目と 3 点目は東アジアにおいて中国の影響力が増しているという文脈抜きには考えられない，という点である。すなわち，「ルール作り」は放っておけば中国によって水準の低い通商のルール作りが為されてしまうという懸念の裏返しであるし，「関係性の強化」は東シナ海や南シナ海における中国と係争国の間の軍事的な緊張関係と関連している。その意味で，TPP の「単なる貿易協定を越えた部分」は中国の存在とは切り離せない。

　以上，議論の補助線として最初に全体像を提示したが，以下ではまずアメリカと日本について，上記の 2 点目（「ルール作り」）と 3 点目（「関係性の強化」）に関する政策決定者のディスコースを見ていきたい。

　アメリカは TPP に関してかなり明確にその戦略的側面を打ち出している。まず，通商におけるルール作りという志向性が明確に表れているのが，2015

年10月にTPPの大筋合意が為された際のオバマ大統領の「我々は中国のような国にグローバル経済のルールを書かせることはできない。アメリカがこれらのルールを作り，高い労働者保護基準の設定と環境保全を確保しつつ，米国産品の新市場を開拓すべきである」という発言や[1]，2016年1月の一般教書演説における「TPPに関して言えば，我々がこの地域のルールを定めるのであり，中国ではない」という発言である[2]。また，米国通商代表部（USTR）のウェブサイトにおいてもTPPの「戦略的重要性」として，アメリカがこの協定を通しルールを書かなければ，「我々の競争者」が弱いルールを設定し，ひいてはアジアにおけるアメリカのリーダーシップが損なわれることが主張されていた[3]。

　では，安全保障についてはどうだろうか。実はオバマ政権は国内向けにも他国向けにも頻繁にTPPの安全保障上のメリットを強調してきた。具体的にはTPPはアメリカのリバランス政策の一環であると明示してきた。リバランス政策とは，東アジア諸国からの，アメリカがイラクとアフガニスタン戦争のために東アジアへの戦略的・軍事的コミットメントを低下させるのではないかという懸念に応えるためのものであった。すなわち，アメリカが東アジアに関与し続けるというコミットメントのためのものであり，基本的には軍事的プレゼンスが軸となってはいるが，要素としては，①二国間安全保障同盟の強化，②新興諸国との協力関係の深化，③地域的な多国間機構への関与，④貿易と投資の拡大，⑤広範な軍事プレゼンスの強化，⑥民主主義の人権の促進，の6つからなる（Clinton 2011）。

　そして，TPPもこのリバランス政策の一環として位置づけられた。例えばオバマ自身，2015年11月にASEAN関連会議において「TPPは単なる貿易協定以上のものだ。それは戦略的そして地政学的に重要な利益をもたらす」とした上で「TPPはこの地域－アジア太平洋－全体に強力なメッセージとなる。それはアメリカのアジア太平洋へのリバランスが全方位において継続すること，同盟国やパートナーへのコミットメントが継続すること，我々はここに留まり続けあなた方は我々を当てにして良いということ，を意味する」と述べている[4]。また，フロマン通商代表は2015年に「TPPは大統領のアジアへのリバランス政策が恐らく最も具体的に表明されたものだ。・・・TPPは経

済面だけでは無く，戦略的にも重要だ。TPP によりアメリカをその地域（アジア）に埋め込み，重要なパートナーとの協力の習慣を作り出し，より広いイシューにおける協調の基盤を形成することができる」と述べている[5]。さらに，2015 年 4 月にはカーター国防長官はアジア回帰についての演説の中でTPP の重要性についても触れ，「国防長官の発言としては意外だろうが，我々の広い意味でのリバランス政策においては，TPP を可決することはもう一台航空母艦を（アジアに）配置することと同じぐらい重要なのだ」と述べた[6]。このように，TPP には安全保障上の機能として，同盟関係やパートナーシップの強化が期待されていたのである。

　また，東アジアへのコミットメントという側面はアメリカ自身が述べているだけではなく，他国からもそれを期待する発言が見られる。例えば，シンガポールのリー・シェン・ロン首相は 2015 年 5 月に「TPP でカバーされる個々の項目のメリットとデメリットが何であれ，TPP はより広い戦略的な重要性を持つ。・・・もし TPP に失敗すれば，アメリカはアジアだけではなく世界全体においてその信頼性と地位を損なうことになる」と述べている[7]。

　次に日本に移りたい。日本の政策決定者のディスコースにおいても，アメリカ同様，①経済的恩恵，②ルール作り，③安全保障（関係性の強化）の全てが見られる。2009 年 9 月から 2012 年 12 月の間の国会審議における議員の言説を分析し，TPP 支持の理由として挙げられている要因をカウントした大矢根（2016）によると，その件数は，第 1 位「地域ルール作り」（100 件），第 2位「経済成長・活性化」（63 件），第 3 位「自由貿易の推進」（51 件），第 4 位「FTAAP を構築」（18 件），第 5 位「対米関係の強化」（15 件），と続いている。②のルール作りは 1 位に，③の関係性の強化は 5 位に，それぞれ位置している。以下，具体的なディスコースを見ていく。

　ルール作りとしては，例えば 2016 年 12 月に安倍首相は国会において「まさに中国は巨大な国有企業が存在し，・・・様々な自由で公正な競争をゆがめる危険性があるという指摘があるのは事実だろうと思います。・・・この自由で公正な TPP という新たな経済圏をつくっていくという試みについてその正しさを示していかなければならない」と述べている[8]。

　また，安全保障としてはやはりアメリカとの関係性の強化が挙げられる。

そもそも，最初に菅直人政権において TPP 参加が検討された背景には，鳩山政権期に米軍普天間飛行場の移設問題で悪化した対米関係を修復するという目的が存在した（作山 2015，192 頁）。その後，第二次安倍政権ではより明確に TPP と安全保障が結び付けて語られるようになる。実際，安倍首相は 2013年 3 月の TPP 交渉参加表明の記者会見において「我が国の安全保障にとっても，また，アジア太平洋地域の安定にも大きく寄与することは間違いありません」と述べている[9]。また，玄葉光一郎外相は 2013 年 11 月に TPP について「外交，安全保障上の意義も私はあるというふうに思っています。それは，米国がアジア太平洋の中で関与を強めるということが一つあるだろう」としている[10]。これは米国がリバランス政策の信頼性を上げようとする裏返しであり，いわば同盟国が米国を東アジアにつなぎとめようとする試みであると言える。

　以上，日米の政策決定者は TPP 推進（参加）を正当化する際に，明示的に安全保障や中国への対抗を挙げていることを述べた。では，政策決定者を離れて，一般の世論は TPP と安全保障をリンクさせているのだろうか。もっとも日本では TPP が 2010 年ごろから国内政治の争点となってきたのに対し，アメリカでは先の大統領選までは国民はほとんど関心をはらってこなかった。そこで議論の焦点を日本に絞ると，個人レベルの選好を調査する試みとしては，2011 年に TPP についての意識調査（と TPP への姿勢を規定する要因を順序ロジットによって分析したもの）が行われており，そこでは中国への日本の影響力が強いと感じている人ほど TPP に賛成するという結果が出ている（久米・河野 2011）。また，報道のされ方としては，図 4-4 に見られるように，TPP は一貫して，一定程度の割合で安全保障と関連させて論じられている。これらから，TPP と安全保障のリンケージは必ずしも政策決定者のディスコースに限定されるわけではなく，市民レベルでも共有されているということが言える。

　ただ，TPP に過度に「中国封じ込め」のような意味を読み取るのは誤解を招く。第 1 に，TPP のプロセスで中国が名指しされているのはあくまで「ルール作り」の文脈であって，軍事的に中国に対抗するということが謳われているわけではない。第 2 に，「ルール作り」においても中国にそれを任せれば質が低いものになるという趣旨であって，確かに労働者の権利保護や国有企業など

図 4-4　「TPP」を含む新聞記事数，及びその中で「安全保障」を含む記事の割合

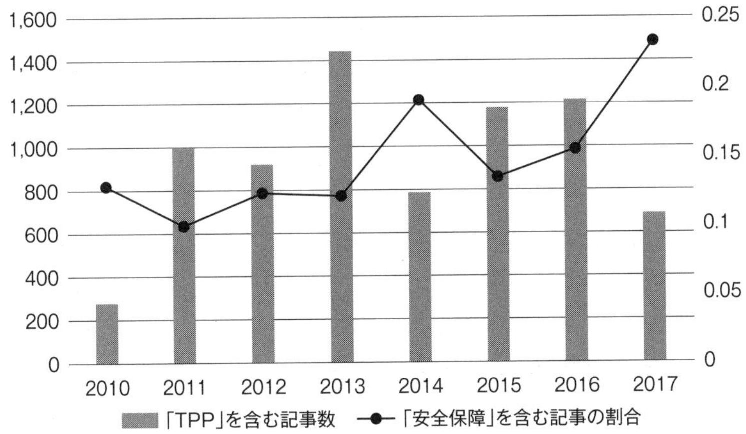

出所：「日経テレコン」より日本経済新聞本紙（朝刊）に限定して集計。

の観点から高レベルの協定に中国が入るのは難しいにせよ，そもそも中国を排除することを主張するわけではない。第 3 に，時期的な変化も考慮しなければならない。以下では，これらの点を詳述しつつ，中国が TPP のプロセスをどのように認識してきたのかについて述べていくこととする。

　TPP は，当初は中国国内のジャーナリズムにおいてもアカデミアにおいても「中国封じ込め」の一環として認識され，警戒された（Griffith et al. 2017）。例えば，『人民日報』の著名なコラムニストは「TPP は表面上は経済協定だが，中国の台頭を抑え込もうという明白な政治的目的を含んでいる」と述べている[11]。他方，政府レベルでは TPP への言及は 2011 年 11 月の APEC サミットまで指導者層のスピーチには見られず，同サミットでの発言も「中国は ASEAN 自由貿易，東アジア包括的経済連携，TPP などを基礎として着実にアジア太平洋の自由貿易区を建設することを支持する」（『日本経済新聞』11 月 13 日）と，TPP 以外の方法も存在することを強調するものであった。

　しかし，中国と TPP の関係性は変化を見せてきた。具体的には，中国の TPP への姿勢は 2013 年に入ってからやや肯定的なものへと変容した。まず，2013 年 5 月にはアメリカのサンチェス商務次官が「先行加盟国と同じ高水準の自由化の義務を負う」との条件付きで，中国の TPP 参加を歓迎すると表明

した（『日本経済新聞』2015年5月17日）。これを受けて，中国商務部の沈丹陽報道官は「われわれは真摯な研究を基礎として，平等互恵の原則に基づき，TPP加入の利害と可能性を分析しており，TPPメンバーと情報・資料の相互交流・協議を希望している」と述べた。遠まわしにせよ，TPP参加の可能性が示唆されるようになったのである。2016年2月のTPP調印に際しても，中国の高虎城商務部長は「TPPの内容は広汎にわたり，現在中国側はその研究・評価工作を進めている」と述べている（大橋2016，31頁）。

　中国のTPPへの姿勢が軟化した背景にはTPP交渉が予想外に順調に進んだことや日本が参加を表明したことに加えて，2013年6月のオバマ大統領と習近平国家主席の首脳会談などを経て米中間の緊張が弱まったことが挙げられるだろう（Tso 2016）。その意味でもやはり中国にとってもTPPは政治的な文脈とリンクしていることになる。なお，日本も2015年10月には安倍首相が「将来的に中国も（TPPに）参加すれば，わが国の安全保障にとってもアジア太平洋地域の安定にとっても戦略的に非常に大きな意義がある」と述べている（『日本経済新聞』2015年10月6日）。日本が中国のTPP参加を期待するという発言をするようになったこと自体大きな変化であるが，中国のTPP参加の効用として安全保障が挙げられていることも興味深い。

　このように中国とTPPをめぐる国際関係は時期的に変化してきた。例えば，アメリカの貿易小委員会長であったケビン・ブレイディがTPPは「少なくとも最初はアジア太平洋における中国への対抗として米国を位置付けるプロセスとして始まった」と述べているように[12]，TPPをめぐる米中関係は初期のほうが対立的な姿勢が見られ，時間の経過とともに互いに立場を穏健なものとし，融和的になっていった。

　最後に，トランプ大統領の誕生に伴うアメリカのTPPからの離脱について考察したい。アメリカの離脱は第1に，関係性の強化という安全保障上の意味合いがTPPから落ちたことを意味する。そして同時に，東アジア諸国にアメリカの同地域へのコミットメントの低下を懸念させるという影響をもたらすことになる。実際，アメリカのTPP離脱はマレーシアやシンガポールなどには安全保障面でのアメリカ依存の妥当性を再検討させることになり，中国とASEANの中のいくつかの国が争っている南シナ海領有権問題においても

2017 年にはアメリカの意図を測りかねるという戸惑いが ASEAN 諸国には見られた。他方で，まさにアメリカで大統領交代が目前に迫り TPP に逆風が吹く中，敢えてその批准に踏み切った日本の姿勢は目を引く。これは所詮日米関係の強化という安全保障要因は副次的なものであったということを示しているのかもしれない。日本政府は「公正な貿易ルールの確立」の重要性を積極的に主張している。

　以上，TPP と安全保障のリンケージについて見てきた。まず，両者の間には，理論的にしばしば指摘されるような「安全保障外部性」（貿易を通じて同盟国が軍事的に強化される）の要素が考慮されたことを示唆する事実はほぼ全く見当たらなかった。つまり，「TPP には同盟国の軍事力を強化するという恩恵がある」という趣旨の正当化はほとんど見られなかった。これは安全保障面ではジュニアパートナーが大国アメリカに一方的に依存する，という非対称性も関係しているのだろう。また，理論研究で想定される「平和創出効果を狙って対立的な国家と FTA を結ぶ」という主張とも TPP はほとんど合致しない。ただ，上でも例示したように中国の TPP 参加が地域の安定化に寄与するという趣旨の発言はいくらかは看取できる。もっともそのメカニズムは「商業的平和」理論で指摘される相互依存の深化による武力紛争の機会費用の増大ではなく，法制度化されルールに基づいた国際秩序に中国を組み入れるというものが想定されている。

　結局，アメリカ離脱前の TPP における安全保障の要素とは，「関係性の強化」とも言うべきものに集約される。TPP はアメリカからすると東アジアにコミットするというシグナルを発するための装置としての性格を，同盟国やパートナー国からするとアメリカを東アジアにつなぎとめようとする装置としての性格を，それぞれ持っていた。その意味では TPP も，それ以前に結ばれた米韓 FTA や米シンガポール FTA などと同様の性格を有していたと言える。

　もっとも，本章でも TPP において安全保障要因が主たる動機だと主張しているわけではない。経済要因との比較考量は「程度問題」であり当事国の認識を正確に測ることは難しいが，米国離脱後にそれでも TPP が 11 カ国での署名を達成したことを見ても安全保障要因の重要性には留保がつくかもしれない。ただ，本章で多くの具体例を示したように，政策決定者がかなり率直に TPP

と安全保障を結びつけてきたのも事実である。その意味で少なくとも，TPP
に反対する国内世論や利益集団（農業セクター）を説得するための，あるいは
非参加国（例えば日本）に参加を促すための，レトリックとして安全保障要因
が機能してきたとは言えるだろう。

おわりに：理論から見た東アジア

　国際政治学の理論的な見地から東アジアの経済統合と安全保障の連関につい
て考察するのが本章の課題であった。最後に，東アジアの理論との対応あるい
は理論への示唆についてまとめてみたい。

　貿易と武力紛争の関係においては，しばしば理論的に指摘されるように，貿
易量の増大や生産ネットワークの拡充が武力紛争の勃発を妨げるという「商業
的平和」とも呼ぶべき関係性は東アジアにも存在すると考える。ただ，本章の
議論において重要なのは，武力紛争の勃発までいかない紛争あるいは政治的対
立については，それとは分けて考えなくてはならないということである。貿易
量の増大や生産ネットワークの拡充は企業にとって撤退や移転のコストを増大
させ政治的対立やそれに伴うデモ・ボイコットが起ころうとビジネスの方針を
転換することを難しくすると共に，事態がいずれは政府レベルで収集されるだ
ろうというある種の楽観的な期待を醸成する。結果として政治的対立が経済的
相互依存を大きくは損なわないという「政冷経熱」の状態が現出する。それを
踏まえてまとめると，経済的相互依存の度合いがある閾値を超えると，経済的
相互依存それ自体は武力紛争の勃発は防止するものの，それに満たない規模の
政治的紛争の発生の防止には効果を持たなくなる，というのが東アジアの事例
から帰納的に導かれる仮説的見解になる。すなわち経済的相互依存による影響
は，武力紛争の発生とそれより強度の低い政治的対立の発生では異なる，とい
う新たな視点である。

　他方，FTA と安全保障については，東アジアにおいては両者の連関は比較
的明確に看取できる。典型的にはアメリカが FTA を政治的に用いてきたとい
う傾向である。特に TPP において顕著なのは，政治的・軍事的なコミットメ

ントのシグナルとして FTA が機能しうる，という点である。軍事安全保障問題において自らの意図をいかに相手に誤解無く伝えるかというのは国際政治における重要な課題であるが，FTA がその一助となるという視点は興味深い。

　もっとも，直近の状況について付言すると，トランプ政権成立以降はそのように通商という経済的手段によって政治安全保障上の紐帯を深める，という側面は東アジアでは随分と後景に退いてしまった。自由貿易への攻撃を煽ることで世論に訴えて当選したトランプは，国家安全保障の名の下に一方的に追加的関税導入を打ち出してきた。あるいは，日米貿易交渉においては，日米安全保障条約への不満を打ち出すことで日本から市場開放を引き出そうとした。これらは―特に米中貿易摩擦においては―どこまで本当に安全保障上の喫緊の課題なのかという点は慎重に考察せねばならないが，通商における交渉の「カード」として安全保障が機能しているのは確かである。そのような形で経済と安全保障の連関が見られるのが東アジアの現状となっている。そのように WTO あるいは国際貿易体制そのものの根幹が揺るがされる中だからこそ，日本が TPP の批准を各国に呼びかけ，2019 年 2 月に EU との EPA を発効させたことは，貿易標準の新たなひな型を用意し，ルールに基づく国際貿易秩序を維持する上で重要な意義があると言える。

注

1）"Statement by the President on the Trans-Pacific Partnership," the White House, October 5, 2015.
2）"Remarks of President Barack Obama –State of the Union Address as Delivered," the White House, January 13, 2016.
3）http://ustr.gov/tpp（2018 年 3 月 13 日，現在は削除）
4）"Remarks at the Association of Southeast Asian Nations Business and Investment Summit in Kuala Lumpur," Kuala Lumpur, November 21, 2015.
5）"Remarks at the CSIS Asian Architecture Conference," Washington D.C., September 22, 2015.
6）"Remarks on the Next Phase of the US Rebalance to the Asia-Pacific," Tempe, Arizona, April 6, 2015.
7）"Transcript of Keynote Speech by Prime Minister Lee Hsien Loong at the Shangri-La Dialogue," Singapore, May 29, 2015.
8）『第百九十二回国会参議院環太平洋パートナーシップ協定に関する特別委員会会議録第十二号』2016 年 12 月 5 日。
9）「安倍内閣総理大臣記者会見」2013 年 3 月 15 日。
10）『第百七十九回国会外務委員会第三号』2011 年 11 月 30 日。
11）Griffith et al.（2017）からの引用。

12）Capling and Ravenhill（2011），p. 559 より引用。

参考文献

大橋英夫（2016）「TPP と中国の『一帯一路』構想」『国際問題』652 号，29-39 頁。

大矢根聡（2016）「日本―安全保障の期待と社会不安」大矢根聡・大西裕編『FTA・TPP の政治学―貿易自由化と安全保障・社会保障』有斐閣，53-74 頁。

木村福成・大久保敏弘・安藤光代・松浦敏幸・早川和伸（2016）『東アジア生産ネットワークと経済統合』慶応義塾大学出版会。

久米郁男・河野勝（2011）「経済教室―TPP 巡る政治対立の構図」『日本経済新聞』12 月 22 日。

作山巧（2015）『日本の TPP 交渉参加の真実―その制作過程の解明―』文眞堂。

庄司智孝（2014）「南シナ海をめぐる経済と安全保障の交錯―フィリピンの事例を中心に」『国際問題』634 号，37-46 頁。

シロウ・アームストロング（2014）「経済が政治に先行し続ける日中関係」『国際問題』634 号，14-24 頁。

三宅康之（2016）「中国―FTA 政策の戦略性」大矢根聡・大西裕編『FTA・TPP の政治学―貿易自由化と安全保障・社会保障』有斐閣，97-122 頁。

Aydin, Aysegul (2010), "The Deterrent Effects of Economic Integration," *Journal of Peace Research*, 47 (5), pp. 523-533.

Barbieri, Katherine (2002), *The Liberal Illusion: Does Trade Promote Peace?* Ann Arbor: University of Michigan Press.

Capling, Ann (2008), "Preferential Trade Agreements as Instruments of Foreign Policy: an Australia-Japan Free Trade Agreement and Its Implications for the Asia Pacific Region," *Pacific Review*, 21 (1), pp. 27-43.

Capling, Ann and John Ravenhill (2011), "Multilateralising Regionalism: What Role for the Trans-Pacific Partnership Agreement?" *The Pacific Review*, 24 (5), pp. 553-575.

Clinton, Hillary (2011), "America's Pacific Century," *Foreign Policy*, 189: pp. 56-63.

Davis, Christina L. and Sophie Meunier (2011), "Business as Usual? Economic Responses to Political Tensions," *American Journal of Political Science*, 55 (3), pp. 628-646.

Fuchs, Andreas and Nils-Hendrik Klann (2013), "Paying a Visit: The Dalai Lama Effect on International Trade," *Journal of International Economics*, 91 (1), pp. 164-177.

Glick, Reuven and Alan M. Taylor (2010), "Collateral Damage: Trade Disruption and the Economic Impact of War," *The Review of Economics and Statistics*, 92 (1), pp. 102-127.

Gowa, Joanne and Edward D. Mansfield (1993), "Power Politics and International Trade," *American Political Science Review*, 87 (2), pp. 408-420.

Griffith, Melissa K., Richard H. Steinberg and John Zysman (2017), "From Great Power Politics to a Strategic Vacuum: Origins and Consequences of the TPP and TTIP," *Business and Politics*, 19 (4), pp. 573-592.

Hadijiyiannis, C., M. S. Heracleous and C. Tabakis (2016), "Regionalism and Conflict: Peace Creation and Peace Diversion," *Journal of International Economics*, 102, pp. 141-159.

Hegre, H., J. R. Oneal et al. (2010), "Trade Does Promote Peace: New Simultaneous Estimates of the Reciprocal Effects of Trade and Conflict," *Journal of Peace Research*, 47 (6), pp. 763-774.

Heilmann, Kilian (2016), "Does Political Conflict Hurt Trade? Evidence from Consumer Boycotts," *Journal of International Economics*, 99, pp. 179-191.

Kim, Soo Yeon, Edward D. Mansfield and Helen V. Milner (2016), "Regional Trade Governance," in Borzel, T. A. and T. Risse, (eds.), *The Oxford Handbook of Comparative Regionalism*, Oxford: Oxford University Press, pp. 323–350.

Kivimäki, Timo (2014), *The Long Peace of East Asia*, Farnham: Ashgate.

Li, Xiaojun and Adam Y. Liu (2019), "Business as Usual? Economic Responses to Political Tensions between China and Japan," *International Relations of the Asia-Pacific*, 19 (2), pp. 213–236.

Pempel, T. J. (2013), "Introduction: The Economic–Security Nexus in Northeast Asia," in Pempel, T. J. (ed.), *The Economy–Security Nexus in Northeast Asia*, Abingdon: Routledge.

Mansfield, Edward D. and Jon C. Pevehouse (2000), "Trade Blocs, Trade Flows, and International Conflict," *International Organization*, 54 (4), pp. 775–808.

Ravenhill, John (2010), "The 'New East Asia Regionalism'?: A Political Domino Effect," *Review of International Political Economy*, 17 (2), pp. 178–208.

Rho, Sungmin and Michael Tomz (2017), "Why Don't Trade Preferences Reflect Economic Self-Interest?" *International Organization*, 71 (S1), S85–S108.

Tso, Chen–Dong (2016), "China's About–Face to the TPP: Economic and Security Accounts Compared," *Journal of Contemporary China*, 25 (100), pp. 613–627.

US President (2002), *The National Security Strategy of the United States of America*, 17 September.

Vicard, Vincent (2012), "Trade, Conflict, and Political Integration: Explaining the Heterogeneity of Regional Trade Agreements," *European Economic Review*, 56, pp. 54–71.

（湯川　拓）

第 5 章
ASEAN 経済統合の深化とアメリカ TPP 離脱：
逆風の中の東アジア経済統合

はじめに

　急速に発展を続ける東アジアでは，ASEAN を中心に経済統合が深化してきた。2015 年末には ASEAN の AEC が創設された。東アジア全域の経済統合も，ASEAN が提案した RCEP が実現に向かっている。

　1967 年に設立され 2017 年に設立 50 周年を迎えた ASEAN は，東アジアで最も深化した経済統合である。1976 年からは域内経済協力を進め，1992年からは ASEAN 自由貿易地域（AFTA）の形成を開始し，2003 年からは ASEAN 経済共同体（AEC）の実現を目指してきた。2015 年 12 月 31 日には遂に AEC を創設し，更に新たな AEC の目標（「AEC2025」）に向けて経済統合を深化させようとしている。また ASEAN は，東アジアの地域協力と FTA においても，中心となってきた。

　そして 2008 年からの世界金融危機後の構造変化の中で，環太平洋経済連携協定（TPP）が大きな意味を持ち始め，ASEAN と東アジアの経済統合の実現に大きな影響を与えてきた。2011 年には東アジア地域包括的経済連携（RCEP）が ASEAN によって提案された。2015 年 10 月には TPP が大筋合意され，2016 年 2 月には署名された。TPP の発効が，更に ASEAN と東アジアの経済統合に大きな影響を与えると考えられた。

　しかしながら，現在の国際通商体制は強い逆風の中にある。2016 年 11 月 8日のトランプ氏のアメリカ大統領選挙当選は，ASEAN と東アジアに大きな衝撃を与えた。2017 年 1 月 20 日には実際にトランプ氏がアメリカ大統領に就任

し，1月23日には TPP からの離脱に関する大統領令に署名した。トランプ大統領は，NAFTA 再交渉を進め，WTO に反する通商政策を進めてきた。

アメリカの TPP 離脱は，ASEAN と東アジアの経済統合にも，また ASEAN 各国にも，大きな負の影響を与える。トランプ大統領の保護主義的通商政策が世界の貿易体制を攪乱し，それが ASEAN と東アジアの経済発展を阻害する可能性も大きい。更にトランプ大統領は，2018年からは米中貿易摩擦を引き起こし，世界経済に大きな衝撃を与えている。

国際通商体制の逆風の中で，日本は2017年5月に TPP11 を提案し，2018年3月には TPP11（CPTPP）が署名され，同12月に発効した。TPP11 には，ASEAN と東アジアの経済統合を後押しする期待が掛かる。

筆者は世界経済の構造変化の下での ASEAN と東アジアの経済統合を長期的に研究してきている。本章では，ASEAN を中心に東アジアの経済統合を振り返るとともに，アメリカの TPP 離脱，米中貿易摩擦などにより国際通商体制に大きな逆風が吹く中での現在の ASEAN と東アジアの経済統合を考察したい。

1. AEC へ向けての域内経済協力の深化

⑴　ASEAN 域内経済協力の開始と転換

東アジアでは，ASEAN が域内経済協力・経済統合の先駆けであった。ASEAN は，1967年8月8日の「ASEAN 設立宣言（バンコク宣言）」をもとに，インドネシア，マレーシア，フィリピン，シンガポール，タイの5カ国によって設立された。当初の政治協力に加え，1976年の第1回首脳会議と「ASEAN 協和宣言」からは域内経済協力を開始した。1976年からの域内経済協力は，外資に対する制限のうえに企図された「集団的輸入代替重化学工業化戦略」によるものであったが挫折に終わった[1]。

しかし1987年の第3回首脳会議を転換点として，1985年9月のプラザ合意を契機とする世界経済の構造変化を踏まえて，「集団的外資依存輸出指向型工業化戦略」へと転換した。ASEAN 域内経済協力の基盤が，世界経済の構造変

化を基に変質したためであった。1985年9月のプラザ合意以降，円高・ドル安を背景に NIES そして ASEAN への日本からの直接投資の急増と言った形で多国籍企業の国際分業が急速に進行した。同時に ASEAN 各国は，構造変化に合わせて新たな発展・成長戦略，外資依存かつ輸出指向の発展成長戦略に転換し，外資政策もそれまでの直接投資規制的なものから，直接投資を優遇するものへ転換させた。新たな戦略は，1980年代後半からはじまった外資依存かつ輸出指向型の工業化を，ASEAN が集団的に支援達成するというものであった。この戦略下での協力を体現したのは，三菱自動車工業が ASEAN に提案して採用されたブランド別自動車部品相互補完流通計画（BBC スキーム）であり，着実に実践された。

⑵ 1990年代の構造変化とアジア経済危機後の構造変化

　1991年から生じた ASEAN を取り巻く政治経済構造の歴史的諸変化，すなわち①アジア冷戦構造の変化，②中国の改革・開放に基づく急速な成長と中国における対内直接投資の急増，③アジア太平洋経済協力（APEC）の制度化等から，集団的外資依存輸出指向型工業化戦略の延長上での域内経済協力の深化と拡大が進められることとなった。

　これらの変化を受け，1992年の第4回首脳会議からは AFTA が推進されてきた。AFTA は，共通効果特恵関税協定（CEPT）により，適用品目の関税を2008年までに5％以下にする事を目標とした。また1996年からは，BBCスキームの発展形態である ASEAN 産業協力（AICO）スキームが推進された。そして冷戦構造の変化を契機に，1995年には ASEAN 諸国と長年敵対関係にあったベトナムが ASEAN に加盟した。1997年にはラオス，ミャンマーが加盟，1999年にはカンボジアも加盟し，ASEAN は東南アジア全域を領域とすることとなった。第2次世界大戦後の世界全体での貿易拡大の延長における，1980年代からの国際資本移動の増大と冷戦構造の変化による領域の拡大こそは，現在進行中のグローバル化のきわめて重要な要因である。ASEAN はこれらの両方を含み，世界経済の構造変化の焦点となった。

　しかし1997年のタイのバーツ危機に始まったアジア経済危機は，ASEAN 各国に多大な被害を与えた。90年代に急速に成長していた ASEAN 各国では

成長が鈍化し，更にはマイナスに落ち込んだ。国際資本移動の急速な拡大は，1980年代後半からのASEAN各国の急速な発展・成長を基礎づけたが，他面ではアジア経済危機の要因となったのである。

1997年のアジア経済危機を契機として，ASEANにとっては，更に協力・統合の深化が目標とされた。①中国の急成長と直接投資の受け入れ先としての台頭，②WTOによる世界大での貿易自由化の停滞とFTAの興隆等により，ASEANを取り巻く世界経済・東アジア経済の構造が大きく変化してきたからであった。

(3) AECの合意と域内経済協力の深化

ASEAN域内経済協力は，2003年10月に開かれた第9回首脳会議の「第2ASEAN協和宣言」を大きな転換点として，単一市場あるいは共同市場を目標とする新たな段階に入った。「第2ASEAN協和宣言」は，ASEAN安全保障共同体（ASC），ASEAN経済共同体（AEC），ASEAN社会文化共同体（ASCC）から成るASEAN共同体（AC）の実現を打ち出した。AECはASEAN共同体を構成する3つの共同体の中心であり，「2020年までに物品・サービス・投資・熟練労働力の自由な移動に特徴付けられる単一市場・生産基地を構築する」構想であった[2]。

AECにおいても，依然直接投資の呼び込みは非常に重要であり，AECは集団的外資依存輸出指向型工業化の側面を有している。2002年11月のASEAN首脳会議において，シンガポールのゴー・チョクトン首相はAECを提案したが，それは中国やインドなど競争者が台頭する中で，ASEAN首脳達がASEANによる直接投資を呼び込む能力の低下を危惧したためであった[3]。

2007年1月の第12回ASEAN首脳会議では，ASEAN共同体創設を5年前倒しして2015年とすることを宣言した。2007年11月の第13回首脳会議では，第1に，全加盟国によって「ASEAN憲章」が署名され，第2に，AECの2015年までのロードマップである「AECブループリント」が発出された。ASEAN憲章は翌年12月に発効し，その制定はAEC実現のための重要な制度整備であった。

AECの実現に直接関わる「AECブループリント」は，3つの共同体の中

で最初のブループリントであり，AEC に関するそれぞれの分野の目標とスケジュールを定めた。4つの戦略目標と 17 のコアエレメント（分野）が提示され，コアエレメントごとに具体的な目標と措置（行動）と戦略的スケジュールを示した。4つの戦略目標とは，A. 単一市場と生産基地，B. 競争力のある経済地域，C. 公平な経済発展，D. グローバルな経済統合である。「A. 単一市場と生産基地」は，①物品（財）の自由な移動，②サービスの自由な移動，③投資の自由な移動，④資本のより自由な移動，⑤熟練労働者の自由な移動を含む[4]。

　2008 年からは，ブループリントを確実に実施させるために，スコアカードと事務局によるモニタリングを実施してきた。また 2010 年 10 月の第 17 回 ASEAN 首脳会議では，AEC の確立と域内格差の是正を後押しするために「ASEAN 連結性マスタープラン」が出された。

⑷　ASEAN 域内経済協力の成果

　これまでの域内経済協力の成果としては，例えば AFTA によって 1993 年から関税引き下げが進められ，各国の域内関税率は大きく引き下げられてきた。2003 年 1 月には先行 6 カ国で関税が 5％以下の自由貿易地域が確立され，「第 2ASEAN 協和宣言」からは AEC の柱の AFTA の確立も加速を迫られた。

　2010 年 1 月には先行加盟 6 カ国で関税が撤廃され，AFTA が完成した。先行加盟 6 カ国では品目ベースで 99.65％の関税が撤廃された。新規加盟 4 カ国においても，全品目の 98.96％で関税が 0〜5％となった。各国の AFTA の利用も大きく増加し，たとえば 2010 年のタイの各国向けの輸出に占める AFTA 利用率は，インドネシア向け輸出で 61.3％へ，フィリピン向け輸出で 55.9％に達した[5]。

　域内経済協力によって国際分業と生産ネットワークの確立も支援された。その典型は自動車産業であった。輸入代替産業として各国が保護してきた自動車産業においても，AFTA や AICO によって日系を中心に外資による国際分業と生産ネットワークの確立が支援されてきた。たとえばトヨタ自動車は，1990 年代から BBC スキームと AICO，更に AFTA に支援されながら，ASEAN 域内で主要部品の集中・分業生産と部品の相互補完流通により，生産を効率的に

行ってきた。2004 年 8 月からタイで生産開始したトヨタ自動車の革新的国際多目的車（IMV）プロジェクトもこれまでの域内経済協力の支援の延長に考えられる[6]。

　IMV は，これまでの域内での部品の集中生産と補完を基に，域内分業と現地調達を大幅に拡大し，多くの部品をタイと ASEAN 各国で生産してきた。主要部品を各国で集中生産して AFTA を利用しながら補完し，同時に世界各国へも輸出してきた。また完成車も，CKD を含めて ASEAN 域内で補完し，かつ世界各国へ輸出してきた（図 5-1 参照）。さらに IMV プロジェクトは，一次部品メーカーの代表であるデンソーの部品の集中生産と相互補完を拡大し，一次部品メーカー，二次部品メーカーや素材メーカーを含め，ASEAN における重層的な生産ネットワークを拡大してきた。またそれらにより ASEAN での生産と雇用の拡大，ASEAN を含めた現地調達の拡大，技術の向上も促進されてきた。ASEAN 域内経済協力と生産ネットワークから見ても，域内経済協力政策と企業の生産ネットワーク構築の合致であり大きな成果と言える[7]。

図 5-1　トヨタ自動車 IMV の主要な自動車・部品補完の概念図

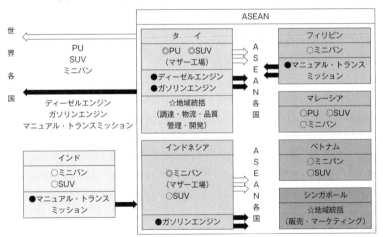

注：ヒアリングをもとに筆者作成。
出所：清水（2011），73 頁。

⑸　ASEAN を中心とする東アジアの地域経済協力

　ASEAN は，東アジアの地域経済協力においても，中心となってきた（図5-2参照）。東アジアにおいては，アジア経済危機とその対策を契機に，ASEAN+3（日本，中国，韓国）の枠組みをはじめとして地域経済協力が重層的・多層的に展開してきた。それが東アジアの地域経済協力の特徴であるが，その中心は ASEAN であった。

　ASEAN+3 協力枠組みは，アジア経済危機直後の 1997 年 12 月の第 1 回 ASEAN+3 首脳会議が基点であり，2000 年 5 月には ASEAN+3 財務相会議においてチェンマイ・イニシアチブ（CMI）が合意された。広域の FTA に関し

図5-2　ASEAN を中心とする東アジアの地域協力枠組み

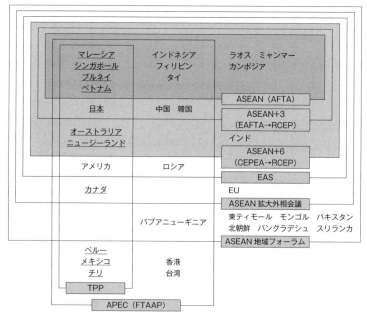

注：（　）は自由貿易地域（構想を含む）である。ASEAN：東南アジア諸国連合，
　　AFTA：ASEAN 自由貿易地域，EAFTA：東アジア自由貿易地域，EAS：東ア
　　ジア首脳会議，CEPEA：東アジア包括的経済連携，RCEP：東アジア地域包括的
　　経済連携，APEC：アジア太平洋経済協力，FTAAP：アジア太平洋自由貿易圏，
　　TPP：環太平洋経済連携協定。下線は TPP11（CPTPP）参加国。
出所：筆者作成。

ても，13 カ国による東アジア自由貿易地域（EAFTA）の確立へ向けて作業が進められた。

　2005 年には，ASEAN+6 の東アジア首脳会議（EAS）も開催された。参加国は ASEAN10 カ国，日本，中国，韓国に加えて，インド，オーストラリア，ニュージーランドの計 16 カ国であった。EAS はその後も毎年開催され，広域 FTA に関しても，2006 年の第 2 回 EAS で 16 カ国による東アジア包括的経済連携（CEPEA）構想が合意された。

　東アジアにおいては，2000 年代に入り FTA も急速に展開してきた。その中でも ASEAN 中国自由貿易地域（ACFTA），ASEAN 日本包括的経済連携協定（AJCEP），ASEAN 韓国 FTA（AKFTA），ASEAN インド FTA（AIFTA）など，ASEAN を中心とする ASEAN+1 の FTA が中心であった。2010 年には ASEAN とインドの FTA（AIFTA），ASEAN とオーストラリア・ニュージーランドの FTA（AANZFTA）も発効し，ASEAN を中心とする FTA 網が東アジアを覆ってきた。ただし，東アジア全体の FTA については，日本が推す CEPEA と中国が推す EAFTA が検討されてきたが，いずれも交渉には至らなかった。

2．世界金融危機後の変化と TPP・RCEP・AEC

⑴　世界金融危機後の変化と TPP

　2008 年の世界金融危機後の構造変化は，ASEAN と東アジアに大きな転換を迫ってきた。世界金融危機は，アジア経済危機から回復しその後発展を続けてきた ASEAN と東アジアの各国にとっても打撃となった。危機の影響の中でも，最終需要を提供するアメリカ市場の停滞と世界需要の停滞は，輸出指向の工業化を展開し最終財のアメリカへの輸出を発展の重要な基礎としてきた東アジア諸国の発展・成長にとって，大きな制約要因となった[8]。

　ASEAN においては，東アジア域外の需要の確保とともに，ASEAN や東アジアの需要に基づく発展を支援することが，これまで以上に強く要請された。こうして AEC の実現と東アジアの FTA が求められた。ASEAN と東アジア

は，他の地域に比較して世界金融危機からいち早く回復し，現在の世界経済における主要な生産基地と中間財市場とともに，主要な最終消費財市場になってきた。

　一方，世界金融危機後のアメリカにおいては，過剰消費と金融的蓄積に基づく内需主導型成長の転換が迫られ，輸出を重要な成長の手段とした。その主要な輸出目標は成長を続ける東アジアであり，オバマ大統領は2010年1月に輸出倍増計画を打ち出し，アジア太平洋にまたがるTPPへ参加した。

　TPPは，原則関税撤廃という高い水準の自由化を目標とし，また物品貿易やサービス貿易だけではなく，投資，競争，知的財産権，政府調達，環境，労働などを含む包括的協定として構想された。2006年にP4として発効した当初はブルネイ，チリ，ニュージーランド，シンガポールの4カ国によるFTAにすぎなかったが，アメリカ，オーストラリア，ペルー，ベトナムも加わり大きな意味を持つようになった。2010年3月に8カ国で交渉が開始され，10月にはマレーシアも交渉に加わった（図5-2参照）。

　TPPがアメリカをも加えて確立しつつある中で，それまで日中が対立して停滞していた東アジア全体のFTAも推進されることとなった。2011年8月のASEAN+6経済閣僚会議において，日本と中国は，日本が推していたCEPEAと中国が推していたEAFTAを，区別なく進めることを共同提案したのである。それは，ASEANが東アジア地域包括的経済連携（RCEP）を提案する契機となった。

⑵　ASEANによるRCEPの提案

　2011年11月12-13日のハワイでのAPEC首脳会議の際に，TPPに既に参加している9カ国はTPPの大枠合意を結んだ。APECに合わせて，日本はTPP交渉参加へ向けて関係国と協議に入ることを表明した。カナダとメキシコも参加を表明し，TPPは東アジアとアジア太平洋の経済統合に大きな影響を与え始めた。

　11月17日のASEAN首脳会議では，ASEANが，これまでのCEPEAとEAFTA，ASEAN+1のFTAの延長に，ASEANを中心とする新たな東アジアのメガFTAであるRCEPを提案した。2012年8月には第1回の

ASEAN+FTA パートナーズ大臣会合が開催され，ASEAN10 カ国並びに
ASEAN の FTA パートナーである 6 カ国の計 16 カ国が RCEP を推進するこ
とに合意した。同時に RCEP 交渉の目的と原則を示した「RCEP 交渉の基本
指針及び目的」をまとめた。2012 年 11 月には RCEP 交渉立上げ式が開催さ
れ，「RCEP 交渉の基本指針及び目的」を承認した。そして 2013 年 5 月には遂
に第 1 回交渉会合が開催された。

　RCEP の内容に関しては，「RCEP 交渉の基本指針及び目的」の「前文」に
よると，RCEP の「目的」は，ASEAN 加盟国及び ASEAN の FTA パート
ナー諸国の間で，現代的で包括的な質の高いかつ互恵的な経済連携協定を達
成することである。また新たな地域的経済構造における ASEAN の中心性，
参加国間の経済統合，衡平な経済発展及び経済協力強化についても述べられ
ている。「交渉の原則」では，これまでの ASEAN+1 を越える FTA を目指す
とされている。「交渉分野」に関しては，物品貿易，サービス貿易，投資，経
済技術協力，知的財産権，競争，紛争解決を含み，包括的な FTA となってい
る9)。RCEP は ASEAN が牽引しており，AEC と ASEAN+1FTA が扱う分
野とほぼ重なっている。

⑶　日本の TPP 参加と東アジア経済統合へのインパクト

　TPP に関しては，2013 年 3 月 15 日には日本が TPP 交渉参加を正式に表明
し，東アジアの経済統合と FTA に更にインパクトを与えた。それまで停滞し
ていた FTA 交渉が動き出し，3 月には日中韓 FTA へ向けた第 1 回交渉がソ
ウルで開催され，5 月には RCEP 第 1 回交渉が行われた。また同月，日本と
EU が経済連携協定（EPA）の交渉開始を宣言した。7 月には第 18 回 TPP 交
渉会合において日本が TPP 交渉に正式参加し，更にインパクトを与えた。

　こうして世界金融危機後の変化は，ASEAN と東アジアの経済統合の実現を
追い立ててきた。世界金融危機後のアメリカの状況の変化は，対東アジア輸出
の促進とともに，東アジア各国の TPP への参加を促した。更にアメリカを含
めた TPP 構築の動きは，日本の TPP への接近につながり，AEC と東アジア
の経済統合を加速させることとなった。その後 2014 年には交渉妥結に至らな
かったが，日米協議の進展と 2015 年 6 月のアメリカの貿易促進権限（TPA）

法案の可決は，TPP 妥結への道を開いた。

　また世界金融危機後にも続く成長とともに，中国の存在が更に大きくなってきた。ASEAN と中国の貿易投資関係も強くなってきた。他方，ASEAN と中国の間には，南シナ海の領有権を巡る問題が深刻となってきた。中国は世界金融危機後の 2009 年ごろから南シナ海の南沙諸島や西沙諸島において建造物を建築するなど実効支配を進め，それに対してフィリピンやベトナムが強く反対してきた。しかしカンボジア，ラオス，ミャンマーの各国は中国寄りの立場を採ってきた。また中国は，2014 年には中国から陸と海によってヨーロッパにまで至る，広域の経済圏「一帯一路」を打ちだした。その行方は，ASEAN 統合にも大きな影響を与えると考えられた。このような世界金融危機後の状況の中で，ASEAN には更に統合の深化が求められることとなった。

3．TPP 大筋合意と AEC 創設

⑴　TPP 大筋合意

　2015 年 10 月 5 日には，アメリカのアトランタで開催された TPP 閣僚会議において，遂に TPP 協定が大筋合意された。2010 年 3 月に 8 カ国で交渉開始してから約 5 年半での合意であった。そして 2016 年 2 月 4 日には，TPP 協定がニュージーランドのオークランドにおいて署名された。

　TPP は日本とアメリカを含めたアジア太平洋のメガ FTA であり，高い貿易自由化レベルを有することと，新たな通商ルールを含むことが特徴である。貿易の自由化率に関しては，TPP 参加の 12 カ国平均で工業品では 99.9％，農林水産品では 97.1％が関税撤廃されて，物品貿易が自由化される。また TPP は，従来の物品の貿易だけではなく，サービス貿易，投資，電子商取引，政府調達，国有企業，知的財産，労働，環境における新たなルール化を含んでいる[10]。

　TPP 協定は，第 1 章「冒頭の規定及び一般的定義」から第 30 章「最終規定」まで全 30 章から構成される[11]。いくつか ASEAN に関係する点を述べておくと，「原産地規則」（第 3 章）では，「完全累積」を採用し，TPP 参加国で

生産された部品は，付加価値基準を満たしていなくても全て付加価値に加算できる。AFTA の原産地規則よりも，付加価値の加算が容易な規則となっている。「原産地規則」では，「ヤーン・フォワード」ルールも規定された。「政府調達」（第 15 章）の規定は，内国民待遇，無差別待遇，公開入札，オフセットの禁止などが規定されている。シンガポール以外の ASEAN 参加国では初めての規定である。「国有企業」（第 17 章）の規定は，WTO やこれまでの FTA にない新たな規定であり，マレーシアやベトナム等に影響する。TPP 大筋合意と署名は，AEC と RCEP を大きく後押しすると考えられた。

⑵　2015 年末の AEC の創設

　2015 年末には，AEC が創設された。以下，2015 年末に AEC がどこまで実現されたのかについて，（2015 年の AEC の目標を定めた）2007 年の「AEC ブループリント（AEC ブループリント 2007）」に即して簡単に述べたい[12]。

　「AEC ブループリント」の「A. 単一市場と生産基地」で，その中心である①物品（財）の自由な移動において，関税の撤廃に関しては，AFTA とともにほぼ実現した。AFTA は東アジアの FTA の先駆であるとともに，東アジアで最も自由化率の高い FTA である。先行加盟 6 カ国は，2010 年 1 月 1 日にほぼすべての関税を撤廃した。2015 年 1 月 1 日には，新規加盟 4 カ国（CLMV 諸国）の一部例外を除き，全加盟国で関税の撤廃が実現された（ただし CLMV 諸国においては，関税品目表の 7％までは 2018 年 1 月 1 日まで撤廃が猶予された）。ASEAN10 カ国全体での総品目数に占める関税撤廃品目の割合は 95.99％に拡大した[13]。

　原産地規則も，利用しやすいように改良されてきた。原産地証明の自己証明制度の導入や税関業務の円滑化，ASEAN シングル・ウインドウ（ASW），基準認証も進められている。尚，非関税措置の撤廃も進められているが，その課題の達成は先進国でも難しく 2016 年以降の課題である。②サービス貿易の自由化，③投資や④資本の移動の自由化，⑤熟練労働者の移動の自由化も徐々に進められている。

　「B. 競争力のある経済地域」では，①競争政策，②消費者保護，③知的財産権，④インフラストラクチャー，⑤税制，⑥電子商取引が，「C. 公平な経済発

展」では，①中小企業，② ASEAN 統合イニシアチブ（IAI）が挙げられており，輸送プロジェクトやエネルギープロジェクト，知的財産権，経済格差の是正等多くの取り組みがなされてきている。ただしこれらは，2015 年末を通過点として更に 2016 年以降の課題である。

　「D. グローバルな経済統合」では，①対外経済関係への一貫したアプローチ，②グローバルサプライチェーンへの参加が挙げられたが，それらはASEAN+1 の FTA 網の整備や RCEP 交渉の進展によって，2015 年末の当初予想よりも早く達成された。

　2015 年末に，2007 年の「AEC ブループリント」で述べられた目標のすべてが実現したわけではないが，AFTA の実現により ASEAN における関税の撤廃はほぼ実現され，域外との FTA も整備された。1970 年代や 1980 年代はもちろん，1990 年代前半の AFTA が提案された時点や 2003 年の AEC が提案された時点と比べても状況は大きく変化し，統合が深化してきている。

⑶　AEC の新たな目標「AEC2025」

　2015 年 11 月 21 日の第 27 回 ASEAN 首脳会議では，2025 年に向けてのASEAN 統合のロードマップである『ASEAN2025（ASEAN 2025: Forging Ahead Together)』が採択された。『ASEAN2025』は，2025 年に向けてのASEAN 統合のロードマップであり，3 つの共同体のブループリントを含む。AEC の目標を定める「AEC ブループリント 2025」においては，「A. 高度に統合され結合した経済」，「B. 競争力のある革新的でダイナミックな ASEAN」，「C. 高度化した連結性と分野別協力」，「D. 強靭で包括的，人間本位・人間中心の ASEAN」，「E. グローバル ASEAN」の 5 つの柱が示された。5 つの柱の中心と言える「A. 高度に統合され結合した経済」では，①物品貿易，②サービス貿易，③投資環境，④金融統合，金融包摂，金融の安定，⑤熟練労働者とビジネス訪問者の移動促進，⑥グローバル・バリュー・チェーンへの参画強化が述べられている[14]（表 5-1 参照）。

　2007 年の「AEC ブループリント」に比べると，「C」の部分は新たに加えられた柱である。またそれぞれの柱の中身が再編されるとともに，新たな内容が加えられている。ASEAN は，2025 年に向けて，更に AEC を深化させようと

している。

表5-1　2007 年の AEC ブループリントと 2015 年の AEC ブループリント

AEC2015（2007 年）	AEC2025（2015 年）
A. 単一市場と生産基地 　A1 物品の自由な移動 　A2 サービス貿易の自由化 　A3 投資の自由化 　A4 資本のより自由な移動 　A5 熟練労働者の自由な移動 　A6 優先統合分野 　A7 食糧，農業，林業	A. 高度に統合され結合した経済 　A1 物品貿易 　A2 サービス貿易 　A3 投資環境 　A4 金融統合，金融包摂，金融安定化 　A5 熟練労働者・ビジネス訪問者の移動円滑化 　A6 グローバル・バリュー・チェーンへの参画強化
B. 競争力のある経済地域 　B1 競争政策 　B2 消費者保護 　B3 知的財産権 　B4 インフラストラクチャー 　B5 税制 　B6 電子商取引	B. 競争力のある革新的でダイナミックな ASEAN 　B1 効果的な競争政策 　B2 消費者保護 　B3 知的財産権協力の強化 　B4 生産性向上による成長，技術革新，研究開発等 　B5 税制協力 　B6 ガバナンス 　B7 効率的・効果的規制 　B8 持続可能な経済開発 　B9 グローバルメガトレンド・通商に関する新たな課題
	C. 高度化した連結性と分野別協力 　C1 交通運輸 　C2 情報通信技術（ICT） 　C3 電子商取引 　C4 エネルギー 　C5 食糧，農業，林業 　C6 観光 　C7 保健医療 　C8 鉱物資源 　C9 科学技術
C. 公平な経済発展 　C1 中小企業 　C2 ASEAN 統合イニシアチブ（IAI）	D. 強靭で包括的，人間本位・人間中心の ASEAN 　D1 中小企業強化 　D2 民間セクターの役割の強化 　D3 官民連携（PPP） 　D4 格差是正 　D5 地域統合に向けた努力への利害関係者による貢献
D. グローバルな経済統合 　D1 対外経済関係への一貫したアプローチ 　D2 グローバルサプライチェーンへの参加	E. グローバル ASEAN 　域外国との経済連協定の改善，協定未締結の対話国との経済連携の強化等

出所：ASEAN Secretariat (2008b), *ASEAN Economic Community Blueprint*, ASEAN Secretariat (2015a), *ASEAN 2025: Forging Ahead Together* から筆者作成。日本語訳に関しては，石川・清水・助川（2009, 2016），ASEAN 日本政府代表部「ASEAN 経済共同体（AEC）ブループリント 2025（概要）」等を参照。

⑷　RCEP 交渉と ASEAN

　RCEP においても交渉会合や閣僚会合が積み重ねられた[15]。交渉はなかなか進展しなかったが，2015 年 8 月第 3 回閣僚会合では，物品貿易に関する枠組み（モダリティー）が合意された。物品貿易に関するモダリティーでは，物品貿易の自由化率は原則として，協定発効時に 65％，発効後 10 年で 80％とすると報道された。ただし，発効後 10 年での自由化率 80％は，TPP や AFTA などの FTA の水準から見て，かなり低い目標であった。またインドと中国のような FTA 未締結国間には，例外を設けることとなった。

　RCEP は当初予定の 2015 年内には妥結できなかったが，2016 年 2 月に TPP 協定が署名され，TPP の各国における国内手続きの完了と TPP 協定の発効が，RCEP 交渉妥結に圧力を掛ける事が期待された。RCEP は ASEAN が提案して進めてきており，RCEP が交渉妥結できるか，そして RCEP がどのような FTA となるかは，ASEAN と AEC の深化に依存する。TPP の発効と ASEAN の役割が期待された。

4．アメリカ TPP 離脱と ASEAN・東アジア経済統合

⑴　トランプ大統領就任と TPP 離脱

　TPP 大筋合意と署名が，更に ASEAN と東アジアの経済統合を進めると考えられたが，2016 年 11 月 8 日にはアメリカの大統領選でトランプ氏が当選し，大きな衝撃を与えた。トランプ氏は大統領選以前から，大統領就任の際には TPP から離脱する事を明言しており，トランプ氏の当選と大統領就任は，ASEAN 経済統合にも大きな負の影響を与えることが予想された[16]。

　2017 年 1 月 20 日には実際にトランプ氏がアメリカ大統領に就任し，就任演説直後にホワイトハウスのホームページで TPP からの離脱を発表した。1 月 23 日には，ホワイトハウスで TPP からの離脱に関する大統領令に署名した。こうしてアメリカの TPP からの離脱が現実のものとなってきた。また NAFTA 再交渉や，多国間ではなく二国間の貿易交渉を目指し，トランプ大統領は，これまで世界の自由貿易体制を牽引してきたアメリカの通商政策を逆

転させてきた。

(2) TPP の ASEAN 経済統合への影響——トランプ大統領以前の状況——

　TPP の行方は，ASEAN と東アジアの経済統合にも大きく影響する。TPP の ASEAN 経済統合への影響を考えてみよう。先ずアメリカの TPP 離脱以前の状況を見ておこう。

　第 1 に，TPP は ASEAN 経済統合を加速し，追い立ててきた。たとえば TPP 確立への動きとともに，2010 年 11 月には「ASEAN 連結性マスタープラン」も出された。TPP 交渉の進展に追い立てられながら，ASEAN の経済統合は 2015 年末の AEC 実現へ向けて着実に進められてきた。TPP の大筋合意と署名は，更に AEC の深化を促してきた。ASEAN では，2015 年末には AEC が創設された。また 2015 年 11 月には 2025 年へ向けての AEC の目標（AEC2025）が打ち出された。ASEAN にとっては自身の統合の深化が不可欠であり，AEC の深化が必須であった。

　第 2 に，TPP が，RCEP という東アジアの広域の経済統合の実現を追い立て，RCEP が更に ASEAN の統合を追い立ててきた。ASEAN にとっては，常に広域枠組みに埋没してしまう危険がある。それゆえに，自らの経済統合を他に先駆けて進めなければならなかった。そして同時に東アジアの地域協力枠組みにおいてイニシアチブを確保しなければならなかった。

　ASEAN においては，域内経済協力が，その政策的特徴ゆえに東アジアを含めより広域の経済協力を求めてきた[17]。ASEAN 域内経済協力においては，発展のための資本の確保・市場の確保が常に不可欠であり，同時に，自らの協力・統合のための域外からの資金確保も肝要である。すなわち 1987 年からの集団的外資依存輸出指向工業化の側面を有している。そしてこれらの要因から，東アジア地域協力を含めた広域な制度の整備や FTA の整備は不可避である。しかし同時に，協力枠組みのより広域な制度化は，常に自らの存在を脅かす。それゆえに，東アジア地域協力の構築におけるイニシアチブの確保と自らの協力・統合の深化が求められるのである。

　現在までは，ASEAN は，AFTA を達成し AEC を打ち出して自らの経済統合を他に先駆けて進めることと，東アジアの地域協力枠組みにおいてイニシア

チブを確保することで，東アジアの広域枠組みへの埋没を免れ，東アジアの経済統合をリードしてきた。1989 年からの APEC の制度化の際にも，埋没の危惧はあった。しかしその後の APEC の貿易自由化の停滞により，また AFTAをはじめとする自らの協力の深化によって，それを払拭してきた。1990 年代後半からの ASEAN+3 や ASEAN+6 の制度化という東アジアの地域協力の構築の際には，それらの地域協力において ASEAN が中心であること，ASEANが運転席に座ることを認めさせてきた。たとえば 2005 年からの EAS においては，ASEAN が中心であるための 3 つの参加条件を付けることができた。すなわち，ASEAN 対話国，東南アジア友好協力条約（TAC）加盟，ASEANとの実質的な関係の 3 つの条件であった。

　TPP 確立への動きは，2011 年の ASEAN による RCEP の提案をもたらし，これまで進展のなかった東アジアの広域 FTA の実現にも，大きな影響を与えた。ASEAN にとっては，東アジアの FTA の枠組みは，従来のように ASEAN プラス 1 の FTA が主要国との間に複数存在し，他の主要国は相互の FTA を結んでいない状態が理想であった。しかし，TPP 確立の動きとともに，日本と中国により東アジアの広域 FTA が進められる状況の中で，ASEAN の中心性（セントラリティー）を確保しながら東アジア FTA を推進するというセカンドベストを追及することとなったと言えよう。そしてこのRCEP 構築の動きも，ASEAN 経済統合の深化を迫った。

　第 3 に，TPP の規定が ASEAN 経済統合を更に深化させる可能性もあった。たとえばマレーシアやベトナムの政府調達や国有企業の例などである。2015 年創設の AEC においては，政府調達の自由化は対象外だが，マレーシアやベトナムが TPP で政府調達の自由化を求められ，TPP の自由化が AEC における政府調達の自由化を促進する可能性があった。原産地規則，原産地証明，通関手続き等に関する TPP の規則が，今後，AEC に影響する可能性も考えられた。

⑶　TPP の ASEAN 経済統合への影響——トランプ大統領以後の状況——

　しかし 2016 年 11 月のトランプ氏の大統領選挙当選後には，大きく状況が変化してしまった。アメリカが TPP から離脱し，TPP が発効できずに頓挫して

しまう可能性が生まれてきた。その場合には，これまで述べてきたプラスの影響は，得られない。

　ASEAN 経済統合に与える影響では，第1に，ASEAN 経済統合を追い立てる力が弱くなるであろう。2015年に打ち出された「AEC ブループリント 2025」に新たな目標を追加する，あるいは「AEC2025」の目標の達成時期を 2025年から前倒しして，AEC の深化を追い立てる力は弱くなるであろう。

　第2に，TPP が RCEP 交渉を促す力が弱くなり，RCEP が AEC を追い立てる力も弱くなる。TPP 確立への動きが，EAFTA，CEPEA，ASEAN+1 の FTA 網の延長に，ASEAN による RCEP の提案をもたらし，これまで進展のなかった東アジアの広域 FTA の実現にも，大きな影響を与えたが，起点の TPP が停滞することにより，RCEP 交渉の進展も停滞する可能性がある。ASEAN は RCEP を推進しているが，TPP の頓挫は，東アジア各国が RCEP を推進する圧力を減じるであろう。更に，RCEP を質の高い FTA とする圧力を減じてしまうであろう。

　第3に，TPP の幾つかの規定が AEC を深化させる可能性は低くなる。たとえばマレーシアやベトナムが TPP で政府調達や国有企業の自由化を求められ，TPP の自由化が AEC におけるそれらの自由化を促進する可能性は低くなる。他の原産地規則，原産地証明，通関手続き等に関する TPP の規則が，AEC に影響する可能性も低くなるであろう。

5．アメリカ TPP 離脱と ASEAN 各国
—トランプ大統領以前と以後の状況—

⑴　TPP 参加国への影響—マレーシアとベトナムの例—

　TPP は，ブルネイ，シンガポール，マレーシア，ベトナムの ASEAN 参加各国に対しても大きな影響を与える。参加各国は，TPP により自国市場の開放を迫られるが，自由貿易の利益や対アメリカ輸出が促進される大きな利益が予想された。対アメリカ輸出は，ASEAN 各国にとって依然大きい。そしてシンガポール以外の ASEAN 諸国にとっては，TPP はアメリカとの FTA 締結

となる。またTPP参加は，TPP参加国のサプライチェーンに入る事を意味する。それによる直接投資の増加も考えられた。参加各国の中では，ベトナムとマレーシアが最もTPPによってGDPを押し上げられると予想された[18]。しかし，アメリカのTPP離脱後には，以上の多くのプラスの効果は，得られない可能性が高くなった。以下，マレーシアとベトナムの例を見てみよう。

マレーシアにとっては，アメリカの交渉参加がTPPへの交渉参加を後押しした[19]。TPPへの参加はアメリカとのFTA締結を意味し，アメリカ向け輸出やTPP参加国向け輸出が増加すると考えられた。更にTPP参加国のサプライチェーン網に入ることによって，自国への投資の増加も期待された。原産地規則の「完全累積」のルールが，更に投資を増す可能性も考えられた。また対外投資においてもプラスとなるとの予想もあった。ただし，政府調達の点が問題になったが，大筋合意によって明らかになった内容では，政府調達等においてマレーシアの要求が一定程度達成され，ブミプトラ政策も多くの面で維持された。早くに交渉参加した事のメリットと言えた。しかしながら，アメリカのTPP離脱後には，上記の多くのプラスの効果は得られなくなった。

ベトナムにおいては，貿易自由化によるアメリカ向け輸出の拡大，とりわけ縫製品のアメリカ向け輸出拡大が，TPP交渉加盟の大きな理由であった。更に南沙諸島を巡る中国との対立があり，安全保障に関連するアメリカとの関係強化も，重要な要因になってきたと考えられる。アメリカ向け輸出は主要各国向け輸出の中で最大で，その中でも縫製品の比率が大きい。またTPPへの参加により，TPPに参加していない中国に対して，アメリカ向け縫製品輸出で有利になることが期待された。TPP参加国のサプライチェーン網に入ることによって，投資が増加する事も期待された。更にTPPは発効以前の投資にも影響を与えた。TPP交渉中から，TPP発効後を見越して中国企業や台湾企業などがベトナムでの綿糸製造等へ多くの投資を行ってきたのである。たとえば，2014年の中国のベトナムへの投資では，主な案件は，天虹紡績集団（テクスホン）による北部クアンニン省での繊維・縫製品製造，同集団による同省ハイハー工業団地造成，百隆東方による南部タイニン省での綿糸製造といった縫製関連案件であった[20]。

しかしながら，アメリカのTPP離脱後には，上記の多くのプラスの効果は

逆になる可能性が生まれてきた。TPP によりアメリカ向けの輸出が拡大する可能性は低くなり，ベトナムにとっても，アメリカが離脱した場合には，TPP を進めるメリットは小さくなった。また綿糸製造などの投資が増加する可能性は低くなってしまった。

⑵　TPP が不参加各国へ与える影響

　TPP は，タイ，インドネシア，フィリピンなどの不参加各国に対しても大きな影響を与える。TPP が発効した場合，TPP 不参加の各国は，対アメリカ輸出や TPP 参加国への輸出において不利となると考えられた。また TPP 参加国のサプライチェーンにも参加できない。原産地規則では「完全累積」が採用され，付加価値の「累積」がより容易になったため，不参加による不利益は一層大きくなった。各種の工程を担う外国投資も減少する可能性がある。あるいは，従来の生産拠点が TPP 参加国へ移転する可能性も出てくる。不参加各国では，以上の理由によって，TPP 大筋合意後に参加への関心の表明が相次いだと考えられる。

　TPP からのアメリカの離脱は，不参加各国にとっては，これらのデメリットの回避を可能にするものと考えられた。たとえば，タイのソムキット副首相は，TPP が発効した場合の輸出機会の損失，参加した場合の国内小規模事業者へのダメージなどを考えて，「タイの立場としては TPP が頓挫した方がメリットは大きいだろう」とコメントした[21]。

　しかしながら TPP が頓挫する事は，あるいはトランプ大統領によって世界経済が保護主義的になることは，ASEAN の経済発展を阻害し ASEAN 経済全体に大きな負の影響を与えるであろう。これまで ASEAN 諸国は，世界の自由な貿易体制の中で，また貿易と投資の拡大の中で急速に発展してきたからである。

6．逆風の中での TPP11 と RCEP そして ASEAN

⑴　日本による TPP11 の提案と TPP11（CPTPP）署名・発効

　TPP からアメリカが離脱し世界通商体制に逆風が吹く中で，日本は TPP11 を提案しその交渉をリードしてきた。4月 19 日には，麻生副総理が，日本がアメリカ抜きの 11 カ国での TPP 協定発効を進めることを明らかにした。5月 2-3 日の交渉会合では日本が提案した TPP11 が交渉開始され，5月 21 日の TPP11 カ国による閣僚会議でも話し合われた。閣僚声明では，早期発効に向けた選択肢を検討し，その作業を 11 月の APEC 首脳会議までに終えることが述べられた。アメリカの復帰を促す方策を検討することも述べられた。その後，7月から 10 月に毎月の交渉会合が行われた。8月（シドニー）以外の7月（箱根），9月（東京），10 月（舞浜）は日本で開催され，日本が交渉を牽引した[22]。

　2017 年 11 月 8-10 日のベトナムのダナンでの TPP 閣僚会議では，TPP11（環太平洋パートナーシップに関する包括的及び先進的な協定：CPTPP）が大筋合意された。ベトナムは日本との共同議長国となり，交渉を推進した。マレーシアも，一部を凍結項目としたが合意した。TPP11 参加各国への輸出の増加と自国への投資の増加，そして TPP11 発効後のアメリカの復帰が期待された。

　凍結項目に関するいくつかの項目に関しては再度の交渉が必要であり，2018 年1月 23 日の TPP 交渉会合で，遂に TPP11 の協定文が最終的に確定した。カナダは NAFTA 交渉を抱え，TPP11 の合意には消極的な面があったが，最終的には合意した。こうして TPP11（CPTPP）は，遂に3月8日にチリのサンチャゴで 11 カ国によって署名された。

　TPP11（CPTPP）は以下の計7条からなる[23]。すなわち，前文，第1条　環太平洋パートナーシップ協定の組込み，第2条　特定の規定の適用の停止，第3条　効力発生，第4条　脱退，第5条　加入，第6条　環太平洋パートナーシップに関する包括的及び先進的な協定の見直し，第7条　正文，であ

り，続けて「付属書」が付いている。CPTPP 自体は，7 条からなる短い協定文であるが，第 1 条で前 30 章のオリジナルの TPP が組み込まれている。第 2 条では「付属書」に掲げる規定（20 項目）の適用を停止（あるいは凍結）する事について述べた。ただし 20 項目以外に，署名日までに 4 項目を具体化するとされたが，そのうちの 2 項目は 1 月に凍結され，残り 2 項目はサイドレターを交わすこととなった。第 3 条の発効要件では，6 カ国の承認完了から 60 日で発行するとされた。発効要件はオリジナルの TPP に比べて容易になった。

TPP11 の効果に関わる凍結項目は，最終的に 22 項目に留まり，その半分は知的財産権に関するものであった。また政府調達関連が 2 項目，国有企業が 2 項目あった。しかし，ベトナムに関連するアパレルの原産地規則（ヤーンフォワード），電子商取引などは凍結とならず，また国有企業もマレーシアの留保表のペトロナスによる優先調達に関する一部が凍結されただけであり，関税撤廃やサービス貿易自由化などの市場アクセスは凍結の対象とならなかった。ルールに関しても 22 の凍結分野以外の新たなルールを含む大半のルールはそのまま残された。

TPP11（CPTPP）は，世界の GDP の約 13％，貿易総額の 15％，5 億人の人口の規模を有するメガ FTA となる。オリジナルの TPP に比べると小さくなったものの，そのインパクトは大きい。そして TPP の高い水準の貿易自由化と大半の新たなルールを受け継ぎ，今後のメガ FTA の雛形になるであろう。同時に，AEC の深化と RCEP 交渉の進展にも正の影響を与えるであろう。

その後，保護主義が拡大する中で 6 カ国の国内手続きが完了し，2018 年 12 月 30 日には遂に 6 カ国で発効した。ベトナムについても翌月に発効している。今後，現在は参加していない ASEAN 各国を始め，TPP11 参加国が増える可能性がある。メガ FTA に参加していない事は，関税等で輸出に不利になるとともに，自国への直接投資が減る可能性があり，貿易と投資の拡大によって発展してきた ASEAN と東アジア各国にとっては，大きなマイナスとなってしまうからである。

⑵　RCEP 交渉と妥結延期

RCEP に関しては，交渉会合と閣僚会合が重ねられ，2017 年 11 月 12 日に

は閣僚会合，14 日に首脳会議が開催されたが，結局 2017 年に交渉妥結することはできなかった。11 月 14 日の RCEP 首脳会議の「RCEP 交渉の首脳による共同声明」では，「閣僚と交渉官が，RCEP 交渉の妥結に向けて 2018 年に一層努力することを指示する」と述べられて，交渉は 2018 年に越年することとなった。RCEP の交渉分野に関しては 18 の交渉分野：(a)物品貿易，(b)原産地規則（ROO），(c)税関手続・貿易円滑化（CPTF），(d)衛生植物検疫措置（SPS），(e)任意規格・強制規格・適合性評価手続（STRACAP），(f)貿易救済，(g)サービス貿易，(h)金融サービス，(i)電機通信サービス，(j)人の移動（MNP），(k)投資，(l)競争，(m)知的財産（IP），(n)電子商取引（E-commerce），(o)中小企業（SMEs），(p)経済技術協力（ECOTECH），(q)政府調達（GP），(r)紛争解決が公表された[24]。

　その後，RCEP 交渉は 2018 年中の実質合意を目指したが，貿易自由化などの市場アクセスと様々なルールを巡って各国間の隔たりが埋まらず，妥結は出来なかった。しかし発効した TPP11 が後押しして RCEP 交渉も加速する可能性がある。TPP11 不参加国であるインドネシア，タイ，フィリピン等の ASEAN 各国や中国が，TPP11 参加国への貿易と投資に関する競争上の不利益をカバーするために RCEP 交渉を進める可能性もある。また TPP11 の署名とその後の発効が，RCEP の質を高める効果を持つことも考えられる。ASEAN においては，シンガポール，ブルネイ，マレーシア，ベトナムの 4 カ国が，TPP の質の高いルールを受け入れる事になる。

　RCEP は ASEAN が提案して進めてきており，ASEAN が中心である。ASEAN の中心性も明示されている。RCEP の「交渉分野」も，AEC と ASEAN+1FTA が扱う分野とほぼ重なっている。また交渉 16 カ国の中の 10 カ国が ASEAN 諸国であり，RCEP 交渉が妥結できるかは ASEAN に大きく依存する。

(3)　AEC の関税撤廃の完了と経済統合の深化
①　AEC の関税撤廃とベトナムの自動車産業保護

　2018 年 1 月 1 日には，遂に AFTA が完成し，AEC の関税撤廃が完了した。すなわち 2018 年 1 月 1 日まで 3 年間猶予されていた CLMV 諸国の 7% の品目

の関税が撤廃された。各国で関税撤廃が猶予されていた 650 超の品目の関税が新たに撤廃され，CLMV 諸国の関税撤廃率は 98.1％に達した。

　ベトナムでは，自動車などに掛けられていた 30％の関税が撤廃された。関税が撤廃されると，ベトナムで生産する自動車よりも輸入車の方が安くなると考えられた。関税撤廃によって自動車が安くなることを期待して，2017 年には自動車の買い控えも見られた。このような状況の中で，各自動車メーカーは，2018 年 1 月の関税撤廃に合わせて，輸入車の車種を増やすとともに，現地生産を維持しながら現地生産車種を絞り込み，その生産量を確保する方針を採ってきた。いくつかの車種は，現地生産から輸入へ切り替えられ，たとえば 2017 年 1 月には，トヨタが IMV の SUV であるフォーチュナーの生産を終了し，インドネシアからの輸入に切り替えた。またホンダがシビックの生産を終了して，タイからの輸入に切り替えた[25]。

　しかし，ベトナムでは 2018 年 1 月からきわめて輸入禁止的な政策が採られることとなった。2017 年 10 月 17 日に公布された「政令 116 号」により，2018 年 1 月から完成車を輸入する場合に，輸入者は，検査時に他国政府が発行する認可証を提出する事，輸入ロット（一船）ごと・車両仕様別に交通運輸省登録局（VR）による排気量および安全性能検査を行う事が義務付けられた。前者は本来輸出車を対象としたものではなく，後者では一回に付き 2 カ月程度のリードタイムと 1 万ドル程度の多大な負担が発生する[26]。

　ベトナムにとっては，関税撤廃が進む中で自国の自動車生産を保護する措置であり，かつなかなか政策が策定できなかったための苦肉の策であるかもしれないが，これらの措置はきわめて輸入禁止的な非関税障壁であり，ASEAN 経済統合の深化に逆行する。ASEAN における生産ネットワーク形成と国際分業にも逆行する。ベトナムのこれらの措置がどのように是正されていくかは，ASEAN 統合の今後に向けて重要な試金石となる。ASEAN においては，アジア経済危機の際にも各国が国内産業保護のために保護主義的関税を掛けたことがあったが，その後の変化の中で AEC の提案がなされ経済統合の深化へ向かってきたのである。

② ASEAN 経済統合の深化と「ASEAN 中心性」

　ASEAN は AEC の関税撤廃を完成するとともに，2025 年に向けて更に統合を深化させようとしている。2015 年 11 月の「AEC2025」に続いて，2017 年2 月には「AEC2025 統合戦略的行動計画（CSAP）」が ASEAN 経済大臣会合と AEC 理事会で承認された。「AEC2025 統合戦略的行動計画（CSAP）」は，「AEC2025」の 5 本の戦略目標の主要分野について，目的，戦略的措置，主要行動計画，主要行動計画毎のスケジュール等を示した[27]。また AEC2025 に関係する「ASEAN 連結性マスタープラン 2025（MPAC2025）」と「ASEAN 統合イニシアチブ作業計画Ⅲ」[28] やそれぞれの分野の行動計画も出され，統合の深化へ向かっている。

　ASEAN は，時間を掛けながら着実に AEC の実現に向かってきた。AFTA による関税の撤廃を完成し，更に AEC の深化へ向かっている。AEC は，東アジアで初の FTA を越えた取り組み（FTA プラス）であり，輸送やエネルギーの協力，経済格差是正にも取り組んでいる。AEC は地域としての直接投資の呼び込みを重要な要因とし，国境を越えた生産ネットワークを支援し，常に世界経済の中での発展を目指す経済統合を目標としている。

　無論，ASEAN は，各国の政治の不安定，域内発展格差，南シナ海問題とそれにも関連する各国の中国との関係の違いなどの統合への遠心力を抱えている。しかし多くの緊張と遠心力を抱えながらも，グローバル化を続ける現代世界経済の変化に合わせて着実に AEC の深化に向かっている。ASEAN は，現代の経済統合の最重要な例のひとつと言える。

　ASEAN にとっては，RCEP 交渉を牽引して，東アジア経済統合における「中心性」を確保し続けることも肝要である[29]。ASEAN においては，第 4 節で述べたように，経済統合が，その政策的特徴ゆえに東アジアを含めより広域の枠組みを求めるが，しかし同時に，協力枠組みのより広域な制度化は，常に自らの存在を脅かす。それゆえに，東アジア地域協力の構築におけるイニシアチブの確保と自らの協力・統合の深化が求められるのである。

　これまで ASEAN は，AFTA を達成し AEC を打ち出して自らの経済統合を他に先駆けて進めることと，東アジアの地域協力枠組みにおいてイニシアチブを確保し，RCEP を提案して進めることで，東アジアの経済統合をリードし

てきた。RCEP を進めることは「中心性」の確保に大きく関わる。

　ただし東アジアには，現在，「一帯一路」やアジアインフラ銀行（AIIB）のような中国主導で，ASEAN が中心とはならない協力もかぶさって来ている。「一帯一路」は，ASEAN に対してインフラ整備という面では正に働くが，東アジアにおける ASEAN の中心性に対しては負に働く可能性がある。また ASEAN の統合を支える ASEAN の一体性にも，負に働くかもしれない。

　ASEAN にとっては，厳しい国際通商状況の中でいくつかの統合の遠心力を抱えながらも，更に自らの経済統合を深化させなければならない。また RCEP 交渉を牽引して交渉妥結へ導かなくてはならない。

おわりに―米中貿易摩擦と国際通商体制の逆風の中で―

　東アジアでは ASEAN が経済統合をリードしてきた。ASEAN は，世界経済の構造変化に合わせて発展を模索し，1976 年から域内経済協力を進め，1992 年からは AFTA の確立を目指し，更に 2015 年末の AEC の実現を目指してきた。2015 年末には AEC を創設し，更に新たな AEC の目標（「AEC2025」）に向けて経済統合を深化させようとしている。また ASEAN は，東アジアの地域協力と FTA においても，中心となってきた。そして 2008 年からの世界金融危機後の構造変化の中で，TPP が大きな意味を持ち始め，ASEAN と東アジアの経済統合の実現に大きな影響を与えてきた。

　しかし 2016 年 11 月のトランプ氏のアメリカ大統領選挙当選は，ASEAN と東アジアに大きな衝撃を与えた。2017 年 1 月にはトランプ大統領が就任し，TPP からのアメリカの離脱を現実化し，東アジアの経済統合に大きな負の影響を与えたのである。

　トランプ大統領は，TPP 離脱だけではなく，2018 年からは中国との貿易摩擦を引き起こし，大きな負の影響を世界経済に与えている[30]。トランプ政権のアメリカは，2018 年 3 月 23 日には通商拡大法 232 条によって鉄鋼とアルミニウムにそれぞれ 25％と 10％の追加関税を掛けた。これは中国を含め世界各

国向けに実施され，この措置に対抗して中国は，4月2日にアメリカからの果物や鉄鋼製品等に15%，豚肉とアルミニウム製品に25%の追加関税を掛けた。7月6日にはアメリカは，更に中国向けの措置として通商法301条に基づき，中国からの340億ドル相当の輸入に25%の追加関税を掛けた。他方，中国は，報復措置としてアメリカからの340億ドル分の輸入に25%の関税を掛けた。次に8月23日には，アメリカはこの第2弾の措置として，中国からの160億ドル分の輸入に25%の追加関税を掛けた。この措置に対して中国は，アメリカからの160億ドル分の輸入に25%の追加関税を掛けた。更に9月24日には，アメリカはこの第3弾として中国からの2000億ドル分の輸入に10%の追加関税を掛け，他方，中国はアメリカからの600億ドル分の輸入に5〜10%の追加関税を掛けた。これらの措置により，アメリカは中国からの輸入額の約50%に高関税を掛ける一方，中国はアメリカからの輸入額の約70%に高関税を掛ける事態となってしまった。

　米中貿易摩擦は，2019年5月には更に拡大した。アメリカは5月10日には，中国向けの措置の第3弾の中国からの2000億ドル分の輸入への10%の追加関税を，25%に引き上げた。中国も対抗措置として6月1日に，アメリカからの600億ドル分の輸入への追加関税を引き上げた。更に5月13日には，アメリカは中国向けの措置の第4弾として，中国からの3000億ドル分の輸入へ25%の追加関税を掛ける計画を表明した。米中両首脳はG20大阪サミットの際の6月29日に会談し，5月から止まっていた貿易交渉の再開と中国向け追加関税の第4弾の発動の先送りに合意した。しかし8月1日にトランプ大統領は，中国向け措置の第4弾を9月1日に発動すると表明した。

　9月1日にアメリカは，中国向け措置の第4弾の一部を発動し，中国からの1200億ドル分の輸入に15%の追加関税を掛けた。他方，中国は，報復措置としてアメリカからの750億ドル分の輸入に5〜10%の関税を掛けると表明した。米中貿易摩擦は更に拡大してきた。

　しかし12月13日には，2018年7月に米中による互いの関税引き上げが始められて以降で初となる，米中による第1段階の合意がなされた。12月15日に予定されていた第4弾の残りの1600億ドルに対する追加関税の発動は，中止された。2020年1月15日には，米中が第1段階合意文書である米中経済・

貿易協定に署名した。この第1段階の合意では，中国が2年間で農産品・工業製品など2000億ドル分のアメリカからの輸入を増やすこと，知的財産権の保護や技術移転の強要禁止などを約束し，他方，アメリカは2019年9月に発動した第4弾の一部の1200億ドル分の輸入に課していた関税15％を7.5％に引き下げるとした。その後，2月14日には協定が発効し，実際に関税が引き下げられた。ただし，第1－3弾の25％の追加関税は維持されたままであった。また，「中国製造2025」に関係する産業補助金の問題や国有企業改革については，残されたままであった。米中貿易摩擦の根底には，ハイテク産業を巡る覇権争いがある。アメリカは，中国のファーウエイに対する規制も強化してきている。中国も「中国製造2025」に関しては譲らず，これらの面に関しての解決は容易ではないであろう。後述するように，米中の摩擦は，2020年に入って新型コロナウイルスの拡大とともに，更に拡大している。

　世界通商体制における強い逆風の中で，日本は2017年5月にTPP11を提案し，2018年3月にはTPP11（CPTPP）が署名され，同年12月に遂に6カ国について発効した。TPP11には，ASEANと東アジアの経済統合を後押しする期待と，現在の保護主義的な国際通商状況を逆転させて行く期待が掛かる。
　現在の厳しい世界経済の状況の中で，AECとRCEPは更に重要となる。AECは東アジアで最も深化した経済統合である。ASEANは着実に「AEC2025」の目標へ向かい，関税の撤廃とともに，たとえばサービス貿易の自由化に関しては，2018年8月に「ASEANサービス枠組み協定（AFAS）最終パッケージ（第10パッケージ）」の交渉が妥結し署名された。2018年11月には，「ASEANサービス貿易協定（ATISA）」交渉が妥結した。新たな分野に関する制度化では，2018年11月に「ASEAN電子商取引協定」が署名された。ASEANは新たな分野における制度化も含めながら，着実に2025年に向けてAECを深化させている[31]。
　RCEPは成長を続ける東アジアのメガFTAである。TPP11と日本EU・EPAが発効に向かう中で，RCEP交渉は2018年中の実質合意を目指した。RCEP交渉では，ルールに関する7つの章が妥結し，他の章も妥結に向かってきた。しかし貿易自由化などの市場アクセスと様々なルールを巡って各国間の

隔たりが埋まらず，2018 年には妥結出来なかった。更に 2019 年にも，インド要因によって 16 か国による妥結は出来なかった。2019 年 11 月 4 日の共同首脳声明は，RCEP 参加国 15 か国が全 20 章に関する条文ベースの交渉及び 15 か国による基本的にすべての市場アクセス上の課題への取り組みを終了したことを述べた[32]。保護主義が拡大する中で，RCEP の実現は，ASEAN と東アジアの経済に大きな正の影響を与える。そして ASEAN にとっては，東アジア経済秩序における中心性の確保に直結する。RCEP は 16 か国による RCEP の交渉妥結がベストである。インドが入っている事に大きな意味があるからである。しかし先ずは，セカンドベストの 15 か国による RCEP の出発もありうるかもしれない。いずれにせよ，2020 年秋の交渉妥結が待たれる。

　ASEAN は，保護主義の拡大の中で，AEC を深化させなければならない。また RCEP 交渉を牽引していかなければならない。ASEAN が AEC を深化し，更に RCEP を推進することは，東アジア全体の発展のためにも不可欠である。また他のメガ FTA の存続と発展にも貢献するであろう。

　保護主義の拡大は，世界経済と東アジア経済に大きな負の影響を与える。とりわけ貿易と投資の拡大の中で急速に発展してきた ASEAN と東アジアにとって，大きな打撃となる。大戦間期のブロック経済のような状況に陥ることがあってはならない。

　以上のような状況の中で，日本は，TPP11，RCEP，日本 EU の EPA の 3 つのメガ FTA を進め，世界全体での貿易自由化と通商ルール化を進めなければならない。日本が ASEAN と連携して RCEP を進めて行くことも，更に重要になっている。これまで世界の貿易自由化と通商ルール化を先導していたアメリカが逆の方向に向かい，保護主義を拡大させる中で，日本の役割はきわめて大きい。

　最後に，2020 年に入ってからの新型コロナウイルス感染症（COVID-19）の影響についても述べておきたい。コロナウイルスの感染拡大は，これまでの保護主義の拡大に加え，きわめて大きな負の影響を世界経済に与えている。2020 年の ASEAN と東アジアの経済も，マイナス成長あるいは大幅減速となる可能性が高い。ASEAN と東アジアの成長にとってきわめて重要な生産ネッ

トワークも，大きな被害を受けている。

　コロナを契機に，米中摩擦は更に拡大してきている。アメリカは，コロナウイルスの感染拡大における中国の責任追及を続け，米中摩擦が更に拡大している。そして2020年5月28日の中国全国人民代表大会で出された香港国家安全法が6月30日には成立・施行され，米中摩擦が更に拡大している。

　コロナウイルスに対しては，ASEANも地域として対策を講じてきた。4月9日のテレビによる外相会議において「ASEAN COVID-19対策基金」の設立に合意した。4月14日にはテレビによって，ASEAN特別首脳会議並びに新型コロナウイルス感染症に関するASEAN+3特別首脳会議が開催された。ASEAN特別首脳会議では，医薬品の供給に向けた協力の強化等域内の協力措置の強化が表明された。ASEAN+3特別首脳会議では，日中韓首脳からASEANへ対しての支援が表明され，日本もASEAN感染症対策センターの設立を提言した。6月26日には，4月から延期となっていた第36回ASEAN首脳会議がオンラインで開催され，コロナウイルスへの対策が更に話し合われた。「ASEAN COVID-19対策基金」創設も発表された。

　ASEANと東アジアの地域協力が，コロナウイルスに対しても必須である。そしてASEANと東アジアの協力が，感染症とその対策とともに，コロナ後の製造業における生産ネットワークの維持などにとっても必須となろう。

　保護主義の拡大とコロナウイルスによって，現代世界経済はきわめて厳しい状況にある。またコロナが仮に収束したとしても，コロナ以前に拡大していた米中貿易摩擦と保護主義が，一層拡大する可能性がある。

　しかし危機の時にこそ，また危機後にこそ，地域協力や統合が必要である。アジア経済危機への対処のためにチェンマイ・イニシアチブを含むASEAN+3の枠組みが形成されたように，また世界金融危機後の変化の中でAECが設立され，RCEPの提案がなされたように，である。きわめて難しい状況ではあるが，ASEANと東アジアの協力・統合が更に進展し，現在の厳しい世界経済の状況を少しずつ逆転していく事を期待したい。

注
　1）以下，ASEAN域内経済協力のAECへの深化に関して詳細は，清水（1998, 2016）参照。
　2）"Declaration of ASEAN Concord II," http://www.asean.org/news/item/declaration-of-asean-

concord-ii-bali-concord-ii.

3）Severino（2006），pp. 342-343.

4）ASEAN Secretariat（2008）. AEC ブループリント並びにスコアカードに関しては石川（2016）等を参照。

5）『通商弘報』2011 年 4 月 30 日号。AFTA に関しては，助川（2016）等を参照。

6）IMV は，2004 年 8 月にタイではじめて生産開始された，1 トンピックアップトラックベース車を部品調達から生産と輸出まで各地域内で対応するプロジェクトである。清水（2011, 2015）参照。

7）清水（2011, 2015）参照。

8）世界金融危機後の構造変化と ASEAN・東アジアに関しては，清水（2016）参照。

9）"Guiding Principles and Objectives for Negotiating the Regional Comprehensive Economic Partnership"（http://www.mofa.go.jp/mofaj/press/release/24/11/pdfs/20121120_03_03.pdf 日本語訳：http://www.mofa.go.jp/mofaj/press/release/24/11/pdfs/20121120_03_04.pdf）

10）TPP の各項目に関しては，馬田・木村・渡邊（2016）の各章を参照されたい。

11）TPP 協定に関しては，"Text of the Trans-Pacific Partnership"（https://www.mfat.govt.nz/en/about-us/who-we-are/treaty-making-process/trans-pacific-partnership-tpp/text-of-the-trans-pacific-partnership），日本語訳に関しては「TPP 協定」（訳文）（http://www.cas.go.jp/jp/tpp/naiyou/tpp_text_yakubun.html）参照。

12）AEC の実現状況に関しては，ASEAN Secretariat（2015a, b），石川・清水・助川（2016）の各章を参照頂きたい。

13）『通商弘報』2015 年 3 月 16 日号。

14）ASEAN Secretariat（2015c）.

15）RCEP に関しては，清水（2016b），石川（2016）等を参照。

16）トランプショックと ASEAN 経済統合に関しては，清水（2017）参照。

17）清水（2008）参照。

18）Petri, Plummer and Fan（2012），Petri and Plummer（2016）.

19）以下，各国の記述は TPP 協定と各種報道による。

20）『通商弘報』2015 年 12 月 15 日号。

21）『通商弘報』2016 年 11 月 26 日号。

22）TPP11（CPTPP）に関しては，石川（2018）等を参照。

23）"Comprehensive and Progressive Agreement for Trans-Pacific Partnership"（https://www.mfat.govt.nz/assets/CPTPP/CPTPP-Text-English.pdf），内閣官房 TPP 等政府対策本部「TPP11 協定（仮訳文）」（http://www.cas.go.jp/jp/tpp/naiyou/pdf/text_kariyaku_tpp11/180308text_kariyaku_tpp11.pdf）。

24）"Joint Leaders' Statement on the Negotiations for the Regional Comprehensive Economic Partnership（RCEP）"（http://www.mofa.go.jp/mofaj/files/000307671.pdf），「東アジア地域包括的経済連携（RCEP）交渉の首脳による共同声明」（http://www.mofa.go.jp/mofaj/files/000307670.pdf）。

25）フォーイン『アジア自動車調査月報』2017 年 8 月号，45 頁。

26）日本貿易振興機構『通商弘報』2018 年 1 月 17 日号。

27）"AEC 2025 Consolidated Strategic Action Plan"（http://asean.org/aec-2025-consolidated-strategic-action-plan/）

28）"Master Plan on ASEAN Connectivity 2025"（http://asean.org/storage/2016/09/Master-Plan-on-ASEAN-Connectivity-20251.pdf），"Initiative for ASEAN Integration（IAI）Work Plan III"（http://asean.org/storage/2016/09/09rev2Content-IAI-Work-Plan-III.pdf）

29) 東アジアの経済統合と ASEAN の中心性に関して詳細は，清水 (2019b) 参照。
30) 最近の保護主義拡大下における ASEAN と東アジアの経済統合に関しては，詳細は清水 (2019a, 2019b) を参照されたい。
31) 最近の AEC の状況に関しては，国際貿易投資研究所 (ITI) (2019, 2020) を参照されたい。筆者も「保護主義拡大下の ASEAN と東アジア経済統合」，「ASEAN 経済統合と電子商取引 (EC)」を執筆している。
32) "Joint Leader's Statement on the Regional Comprehensive Economic Partnership (RCEP)," https://asean.org/storage/2019/11/FINAL-RCEP-Joint-Leaders-Statement-for-3rd-RCEP-Summit.pdf. 「東アジア地域包括的経済連携 (RCEP) に係る共同首脳声明」(https://www.mofa.go.jp/mofaj/files/000534732.pdf)。

参考文献

石川幸一 (2016)「ASEAN 経済共同体の創設とその意義」石川・清水・助川編 (2016)。
石川幸一 (2018)「TPP11 (CPTPP) の概要と意義」『ITI フラッシュ』364 号。
石川幸一・馬田啓一・木村福成・渡邊頼純編 (2013)『TPP と日本の決断—「決められない政治」からの脱却』文眞堂。
石川幸一・馬田啓一・清水一史編 (2019)『アジアの経済統合と保護主義—変わる通商秩序—』文眞堂。
石川幸一・朽木昭文・清水一史 (2015)『現代 ASEAN 経済論』文眞堂。
石川幸一・清水一史・助川成也編 (2016)『ASEAN 経済共同体の創設と日本』文眞堂。
馬田啓一・浦田秀次郎・木村福成編 (2016)『TPP の期待と課題—アジア太平洋の新通商秩序—』文眞堂。
浦田秀次郎・牛山隆一・可部繁三郎編 (2015)『ASEAN 経済統合の実態』文眞堂。
国際貿易投資研究所 (ITI) (2019)『深化する ASEAN 経済共同体 2025 の基本構成と実施状況』。
国際貿易投資研究所 (ITI) (2020)『ASEAN の新たな発展戦略—経済統合から成長へ—』。
清水一史 (1998)『ASEAN 域内経済協力の政治経済学』ミネルヴァ書房。
清水一史 (2008)「東アジアの地域経済協力と FTA」高原・田村・佐藤 (2008)。
清水一史 (2011)「ASEAN 域内経済協力と自動車部品補完—BBC・AICO・AFTA と IMV プロジェクトを中心に—」『産業学会研究年報』26 号。
清水一史 (2015)「ASEAN の自動車産業—域内経済協力と自動車産業の急速な発展—」石川・朽木・清水 (2015)。
清水一史 (2016a)「世界経済と ASEAN 経済統合」石川・清水・助川 (2016)。
清水一史 (2016b)「ASEAN と東アジア経済統合」石川・清水・助川 (2016)。
清水一史 (2017)「トランプショックと ASEAN 経済統合」『世界経済評論』9-10 月号。
清水一史 (2019a)「保護主義拡大下の ASEAN と東アジア経済統合」国際貿易投資研究所 (ITI) (2019)。
清水一史 (2019b)「ASEAN と東アジア通商秩序—AEC の深化と ASEAN 中心性—」石川・馬田・清水 (2019)。
助川成也 (2016)「物品貿易の自由化に向けた ASEAN の取り組み」石川・清水・助川 (2016)。
高原明生・田村慶子・佐藤幸人編／アジア政経学会監修 (2008)『現代アジア研究 1：越境』慶応義塾大学出版会。
山影進編 (2011)『新しい ASEAN—地域共同体とアジアの中心性を目指して—』アジア経済研究所。
ASEAN Secretariat (2008), *ASEAN Economic Community Blueprint*, Jakarta.
ASEAN Secretariat (2010), *Master Plan on ASEAN Connectivity*, Jakarta.

ASEAN Secretariat (2015a), *ASEAN Economic Community 2015: Progress and Key Achievements*, Jakarta.

ASEAN Secretariat (2015b), *ASEAN Integration Report*, Jakarta.

ASEAN Secretariat (2015c), *ASEAN 2025: Forging Ahead Together*, Jakarta.

ASEAN Secretariat (2016a), *Master Plan on ASEAN Connectivity 2025*, Jakarta.

ASEAN Secretariat (2016b), *Initiative for ASEAN Integration (IAI) Work Plan III*, Jakarta.

ASEAN Secretariat (2017), *AEC 2025 Consolidated Strategic Action Plan (CSAP)*, Jakarta.

ASEAN Secretariat (2018), *AEC2025 Consolidated Strategic Action Plan (CSAP) (updated)*, Jakarta.

"Comprehensive and Progressive Agreement for Trans-Pacific Partnership".

"Guiding Principles and Objectives for Negotiating the Regional Comprehensive Economic Partnership".

"Joint Leaders' Statement on the Negotiations for the Regional Comprehensive Economic Partnership (RCEP)".

Petri, P. A., M. G. Plummer and Zhai Fan (2012), *The Trans-Pacific Partnership and Asia-Pacific: A Quantitative Assessment*, Peterson Institute for International Economics, Washington, DC.

Petri, P. A. and M. G. Plummer (2016), *The Economic Effects of the Trans-Pacific Partnership: New Estimates*, Peterson Institute for International Economics, Washington, D.C.

Rebecca Sta Maria, Shujiro Urata and Ponciano S. Intal, Jr. (2017), *The ASEAN Economic Community into 2025 and Beyond*, Jakarta: ERIA.

Severino, R. C. (2006), *Southeast Asia in Search of an ASEAN Community*, ISEAS, Singapore.

Shimizu, K. (2019), "Countering Global Protectionism: The CPTPP and Mega-FTAs," *Trade and Economic Connectivity in the Age of Uncertainty/Panorama Insights into Asian and European affairs*, Singapore: Konrad-Adenauer-Stiftung.

"Text of the Trans-Pacific Partnership".

（清水 一史）

第6章
拡大アジア太平洋における FTA と日本企業

はじめに

　日本企業の海外事業の中核的地域となっている「拡大アジア太平洋」では，これまで83件の FTA が形成され，日本企業に幅広く活用されている。同地域では，米国が離脱したものの「包括的及び先進的な環太平洋パートナーシップ協定」（TPP11）が 2018 年 12 月に発効に至り，「東アジア地域包括的経済連携」（RCEP）交渉も行われ，広域 FTA が形成されつつある。一方，2020 年 7 月に発効した米国・メキシコ・カナダ協定（USMCA）では，自動車分野の原産地規則が強化されるなど日本企業の生産ネットワークに影響を与えかねない保護主義的な動きも顕在化している。

　本章では，第 1 に拡大アジア太平洋における FTA の形成状況，日本企業による FTA の活用状況を確認した上で，第 2 に同地域内で核となる FTA である TPP，USMCA，RCEP の着目点を概観するとともに物品貿易面における日本企業への影響や課題を検証する。

1．「拡大アジア太平洋」と域内 FTA カバー率

⑴　日本企業の海外事業の中核的地域となる拡大アジア太平洋

　アジア太平洋[1]を中核とする地域では，数多くの FTA が重層的に発効している。北米地域では 1994 年に発効した北米自由貿易協定（NAFTA）を引き継いだ USMCA が，アジアでは ASEAN 物品貿易協定（ATIGA）や

ASEAN+1FTA（ASEAN と日本，中国，韓国，オーストラリア・ニュージーランド，インドとの各 FTA）などが発効し，日本企業の生産ネットワークを支えるソフト・インフラとなっている。

　現在，この地域では 2 つのメガ FTA[2]の枠組みがある。ひとつは，2016 年2 月に署名された「環太平洋パートナーシップ協定」（TPP12）である。トランプ米大統領の TPP 離脱表明（2017 年 1 月）によって，TPP12 の批准が見通せない事態となった中，米国を除く 11 カ国では，最終的に 22 項目の凍結と追加のサイドレターを締結したものの，「環太平洋パートナーシップに関する包括的及び先進的な協定」（TPP11）として，新たに 2018 年 3 月に署名，2018年 12 月に発効に至っている。

　TPP[3]参加国は全て，21 カ国・地域が参加する「アジア太平洋経済協力」（APEC）[4]の加盟国・地域であり，APEC では長期的に「アジア太平洋自由貿易圏」（FTAAP）[5]を形成することを目指している。TPP は APEC 加盟国・地域以外にも開かれた枠組みではあるが，FTAAP に向けたビルディング・ブロックとなることが期待される。TPP12 では，加入に関する手続きが定められた第 30 章（最終規定）において，APEC 加盟国・地域は，非加盟国・地域よりも簡便な手続きが規定されており，TPP の枠組みを APEC に拡げていくことが指向されている[6]。

　もうひとつのメガ FTA 構想は，「東アジア地域包括的経済連携」（RCEP）であり，アジア大洋州の 16 カ国[7]が広域的な FTA の形成を目指して交渉を行っている。2012 年に合意された「RCEP 交渉の基本方針及び目的」では2015 年末までの交渉完了が盛り込まれたが，交渉期間の延長が続いている。2016 年の APEC 首脳会議で承認された「FTAAP に関するリマ宣言」で，「FTAAP が，進行中の地域取り組みを基礎とし，そして TPP や RCEP を含む，あり得べき道筋を通じて構築される」とされ，RCEP も TPP と並行してFTAAP へのビルディング・ブロックとして位置付けられている。

　RCEP 交渉に参加する 16 カ国の内，12 カ国は APEC への参加国でもあるが，インド，カンボジア，ラオス，ミャンマーの 4 カ国は APEC には加盟していない。そこで，本章では APEC と RCEP 交渉に参加する 25 カ国・地域をカバーするエリアを，「拡大アジア太平洋地域」ととらえる。

　米国，中国，ASEAN を含む拡大アジア太平洋地域は，日本企業の海外事業活動の中核的地域となっている。日本の貿易総額（1 兆 4533 億ドル：輸出 7055 億ドル，輸入 7477 億ドル，2019 年）の内，同地域向けの貿易比率は74.0％（輸出：79.6％，輸入 68.8％）に及び，この内，中国向けは 20.9％，ASEAN 向けは 14.7％，米国向けは 15.3％を占める。日本の対外直接投資残高では，同地域向け残高（1 兆 1260 億ドル，2019 年末）が全体の 63.7％を占めている[8]。拡大アジア太平洋地域における FTA を通じた自由化は，日本企業の事業活動に大きな影響を与えることとなる。

⑵　拡大アジア太平洋の域内 FTA カバー率

　拡大アジア太平洋では現在，何件の FTA が発効されているのであろうか。世界の発効済み FTA を網羅したジェトロの「世界と日本の FTA 一覧」に基づくと，世界の発効済み FTA 件数は 320 件（2019 年 12 月末時点）で，2020年に拡大アジア太平洋域内で発効した日米貿易協定，オーストラリア・香港，オーストラリア・ペルー，オーストラリア・インドネシアを含めると 324 件となる。拡大アジア太平洋域内では，83 件の FTA が発効しており，二国間で締結された FTA は 66 件，3 カ国以上が加盟するプルリの FTA は 17 件[9]となっている。

　拡大アジア太平洋域内の FTA 発効件数をみると，2000 年代以降に大きく増加し，累計 FTA 発効件数は 2000 年の 12 件から 83 件まで大きく増加している（図 6-1）。件数とともに，域内でどれ程実質的に FTA が拡がっているかを計る指標に「域内 FTA カバー率」がある。域内 FTA カバー率とは，FTAが発効している域内各国間の貿易額が，域内貿易総額に占める比率のことである。2019 年の貿易統計をベースに，時系列でみると，FTA 発効件数同様に2000 年代に大きく上昇しており，2000 年の 24.7％から 2020 年には 67.6％となっている。

　2019 年の域内 FTA カバー率を貿易マトリクスでみたものが表 6-1 である。拡大アジア太平洋の域内貿易総額は 6 兆 3918 億ドルと，世界貿易額[10]の34.1％を占める規模にある。貿易マトリクスの内，濃い色の網掛け部分は，既に FTA が発効している国間の貿易であり，同比率を積み上げた域内 FTA カ

図6-1 拡大アジア太平洋の発効済み FTA 累計件数と FTA カバー率の推移

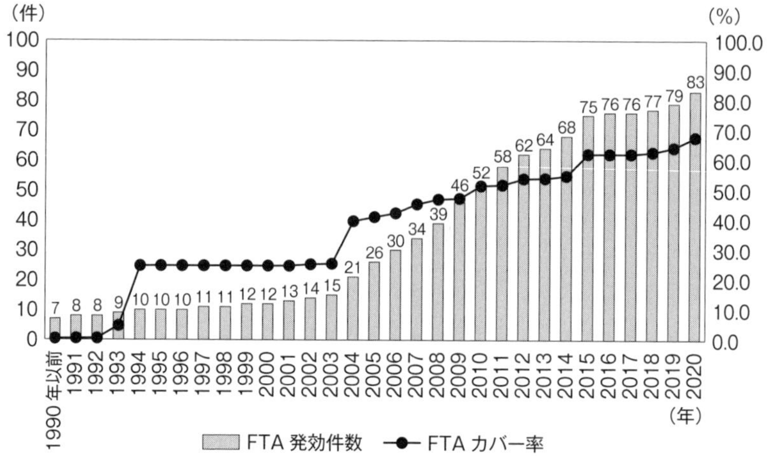

注：貿易統計は 2019 年ベース。同一国間で複数の FTA が発効している場合，初めて発効したFTAをカウント。多国間のFTAは参加国によって発効年が異なることがあるが，当初の発効年で集計。2020 年に発効した FTA は日米貿易協定，オーストラリア・香港，オーストラリア・ペルー，オーストラリア・インドネシアを対象。

出所：Direction of Trade (IMF)，UN Comtrade (UN)，台湾貿易統計，「世界と日本のFTA 一覧」（ジェトロ）から作成。

バー率は 67.6％となる。この内，NAFTA が域内貿易総額の 20.0％を占め，ASEAN（4.3％），中国・韓国 FTA（3.9％）が続いている。また，薄い網掛け部分は，FTA が署名され，今後，発効が見込まれる国間の貿易であり，TPP11 未発効国（チリ，ペルー，ブルネイ，マレーシア）と ASEAN・香港FTA[11]の未発効国（ブルネイ，カンボジア）が対象となる。

この貿易マトリクスからは大きく３つのことがわかる。第１に，各国において近隣諸国とのFTAは，かなり形成されていることである。アジア太平洋地域では，ASEAN と ASEAN+1 の FTA などによって多くの国間の貿易がカバーされている。第２に，一方でアジア大洋州域内では，日本と中国，韓国間やインドと中国，オーストラリア，ニュージーランド間，さらには台湾と多くの域内諸国間でFTA が形成されずに残されている点である。特に，日本・中国，日本・韓国間は貿易額が大きく，域内貿易総額の 5.5％を占める。第３に，TPP11 の発効によって発効国は増えたものの，アジア大洋州・北中

米間では FTA が締結されていない国間が多いことである。米国，カナダ，メキシコの 3 カ国は，アジア大洋州地域諸国のうち，米国・シンガポール（2004年），米国・オーストラリア（2005 年），日本・メキシコ（2005 年），米国・韓国（2012 年），韓国・カナダ（2015 年），TPP11（2018 年），日米貿易協定（2020 年）の 7 件を除き，FTA は発効していない。各国ともに米国との貿易額が大きいことから，アジア大洋州・北中米間で FTA が発効していない国間の貿易額が域内貿易総額に占める比率は 17.0％に及ぶ。こうした FTA の未カバー国間の FTA 形成が課題となっており，TPP や RCEP は域内 FTA カバー率を引き上げていく上で重要な枠組みとなる。

(3)　拡大アジア太平洋における FTA 活用

　拡大アジア太平洋地域において，発効済み FTA はどれ程，利用されているのであろうか。日本企業の FTA 活用を把握する点では，ジェトロが実施しているアンケート調査が有用である。ジェトロのアンケート調査には，日本本社を対象とした「日本企業の海外事業展開に関するアンケート調査」とともに，在アジア・オセアニア，在米国・カナダ，在中南米の進出日系企業を対象とした「進出日系企業実態調査」がある。同アンケート調査を基に，拡大アジア太平洋での FTA 利用状況をまとめたものが表 6-2 である。いずれも当該国からFTA 発効国に輸出入の実績がある企業に対して，当該国との貿易で FTA が利用されているかを尋ねている。但し，分母の企業の中には輸出先において一般関税が無税でそもそも FTA を利用する必要のない企業も含まれている。

　同表からは，第 1 に拡大アジア太平洋域内における日本企業の FTA 利用率は 40.9％（輸出と輸入の合計，輸出 37.6％・輸入 46.3％）となる。第 2 に，日本企業は日本との輸出入のみならず，第三国間の貿易でも FTA を幅広く利用していることがわかる。特に，日本以外で日系企業の FTA 利用数の多い国は，タイ，米国，ベトナム，インドネシア，マレーシア，インドなどであるが全ての国で利用されている。拡大アジア太平洋地域で，日本企業の生産ネットワークが幅広く拡がっており，第三国間の FTA も日本企業に裨益する構図にある。

　アンケート調査以外で FTA の利用状況を把握する情報源には，各国政府が

表 6-1　拡大アジア太平洋域内における FTA カバー率（2019 年）

輸出国 ＼ 輸入国		日本	中国	韓国	香港	台湾	タイ	インドネシア	フィリピン	マレーシア	ベトナム	シンガポール	ブルネイ
アジア大洋州	日本	-	2.1	0.7	0.5	0.7	0.5	0.2	0.2	0.2	0.3	0.3	0.0
	中国	2.2	-	1.7	4.4	0.9	0.7	0.7	0.6	0.8	1.5	0.9	0.0
	韓国	0.4	2.1	-	0.5	0.2	0.1	0.1	0.1	0.1	0.8	0.2	0.0
	香港	0.0	0.1	0.0	-	0.0	0.0	0.0	0.1	0.0	0.0	0.0	0.0
	台湾	0.4	1.4	0.3	0.6	-	0.1	0.0	0.1	0.1	0.2	0.3	0.0
	タイ	0.4	0.5	0.1	0.2	0.1	-	0.1	0.1	0.2	0.2	0.1	0.0
	インドネシア	0.2	0.4	0.1	0.0	0.1	0.1	-	0.1	0.1	0.1	0.2	0.0
	フィリピン	0.2	0.1	0.1	0.1	0.0	0.0	0.0	-	0.0	0.0	0.1	0.0
	マレーシア	0.2	0.5	0.1	0.3	0.1	0.2	0.1	0.1	-	0.1	0.5	0.0
	ベトナム	0.2	0.4	0.2	0.1	0.0	0.1	0.0	0.0	0.1	-	0.1	0.0
	シンガポール	0.1	0.5	0.1	0.5	0.1	0.1	0.3	0.1	0.3	0.1	-	0.0
	ブルネイ	0.0	0.0	0.0	0.0	0.0	0.0	0.0	0.0	0.0	0.0	0.0	-
	カンボジア	0.0	0.0	0.0	0.0	0.0	0.0	0.0	0.0	0.0	0.0	0.0	0.0
	ラオス	0.0	0.0	0.0	0.0	0.0	0.0	0.0	0.0	0.0	0.0	0.0	0.0
	ミャンマー	0.0	0.1	0.0	0.0	0.0	0.0	0.1	0.0	0.0	0.0	0.0	0.0
	インド	0.1	0.3	0.1	0.2	0.0	0.1	0.1	0.1	0.0	0.1	0.2	0.0
	オーストラリア	0.6	1.6	0.3	0.1	0.2	0.0	0.1	0.0	0.1	0.1	0.1	0.0
	ニュージーランド	0.0	0.2	0.0	0.0	0.0	0.0	0.0	0.0	0.0	0.0	0.0	0.0
	パプアニューギニア	0.0	0.0	0.0	0.0	n.a.	0.0	0.0	0.0	0.0	0.0	0.0	0.0
北中米	米国	1.2	1.7	0.9	0.5	0.5	0.2	0.1	0.1	0.2	0.2	0.5	0.0
	カナダ	0.1	0.3	0.1	0.0	0.0	0.0	0.0	0.0	0.0	0.0	0.0	0.0
	メキシコ	0.1	0.1	0.1	0.0	0.0	0.0	0.0	0.0	0.0	0.0	0.0	0.0
南米	ペルー	0.0	0.2	0.0	0.0	0.0	0.0	0.0	0.0	0.0	0.0	0.0	0.0
	チリ	0.1	0.4	0.1	0.0	0.0	0.0	0.0	0.0	0.0	0.0	0.0	0.0
その他	ロシア	0.2	0.9	0.3	0.0	0.1	0.0	0.0	0.0	0.0	0.0	0.0	0.0
FTA 発効済国への輸入／域内輸入総額		3.7	8.7	3.9	5.7	1.0	2.1	1.9	1.5	2.1	3.2	3.6	0.0

注：①NZ の台湾向け輸出は UN Comtrade の Other Asia の数値。その他は DOT に基づく，②香港輸出（FOB）の推計額を利用，シンガポールの対インドネシア輸出は統計制約から 2018 年の数値。特恵関税制度（GSTP），南太平洋地域貿易・経済協力協定が発効している国間もあるが，対象品目は FTA の未発効国。

資料：Direction of Trade（IMF），UN Comtrade（UN），台湾貿易統計，「FTA 一覧」（ジェトロ）

（単位：%）

アジア大洋州							北中米			南米		その他	FTA発効済国への輸出／域内輸出総額
カンボジア	ラオス	ミャンマー	インド	オーストラリア	ニュージーランド	パプアニューギニア	米国	カナダ	メキシコ	ペルー	チリ	ロシア	
0.0	0.0	0.0	0.2	0.2	0.0	0.0	2.2	0.1	0.2	0.0	0.0	0.1	4.6
0.1	0.0	0.2	1.2	0.8	0.1	0.0	6.5	0.6	0.7	0.1	0.2	0.8	13.8
0.0	0.0	0.0	0.2	0.1	0.0	0.0	1.2	0.1	0.2	0.0	0.0	0.1	5.3
0.0	0.0	0.0	0.2	0.0	0.0	0.0	0.1	0.0	0.0	0.0	0.0	0.0	0.4
0.0	0.0	0.0	0.1	0.1	0.0	0.0	0.7	0.0	0.0	0.0	0.0	0.0	1.7
0.1	0.1	0.1	0.1	0.2	0.0	0.0	0.5	0.0	0.0	0.0	0.0	0.0	2.4
0.0	0.0	0.0	0.0	0.0	0.0	0.0	0.3	0.0	0.0	0.0	0.0	0.0	1.7
0.0	0.0	0.0	0.0	0.0	0.0	0.0	0.2	0.0	0.0	0.0	0.0	0.0	0.7
0.0	0.0	0.0	0.0	0.1	0.0	0.0	0.4	0.0	0.0	0.0	0.0	0.0	2.5
0.1	0.0	0.0	0.1	0.0	0.0	0.0	0.7	0.0	0.0	0.0	0.0	0.0	1.5
0.0	0.0	0.0	0.2	0.1	0.0	0.0	0.4	0.0	0.0	0.0	0.0	0.0	3.0
0.0	0.0	0.0	0.0	0.0	0.0	0.0	0.0	0.0	0.0	0.0	0.0	0.0	0.1
-	0.0	0.0	0.0	0.0	0.0	0.0	0.1	0.0	0.0	0.0	0.0	0.0	0.1
0.0	-	0.0	0.0	0.0	0.0	0.0	0.0	0.0	0.0	0.0	0.0	0.0	0.1
0.0	0.0	-	0.0	0.0	0.0	0.0	0.0	0.0	0.0	0.0	0.0	0.0	0.2
0.0	0.0	0.0	-	0.0	0.0	0.0	0.8	0.0	0.1	0.0	0.0	0.0	0.7
0.0	0.0	0.0	0.2	-	0.1	0.0	0.2	0.0	0.0	0.0	0.0	0.0	3.4
0.0	0.0	0.0	0.0	0.1	-	0.0	0.1	0.0	0.0	0.0	0.0	0.0	0.4
0.0	0.0	0.0	0.0	0.0	0.0	-	0.0	0.0	0.0	0.0	0.0	0.0	0.0
0.0	0.0	0.0	0.5	0.4	0.1	0.0	-	4.6	4.0	0.2	0.2	0.1	11.9
0.0	0.0	0.1	0.0	0.0	0.0	0.0	5.3	-	0.1	0.0	0.0	0.0	5.7
0.0	0.0	0.0	0.1	0.0	0.0	0.0	5.8	0.2	-	0.0	0.0	0.0	6.2
0.0	0.0	0.0	0.0	0.0	0.0	0.0	0.0	0.0	0.0	-	0.0	0.0	0.4
0.0	0.0	0.0	0.0	0.0	0.0	0.0	0.1	0.0	0.0	0.0	-	0.0	0.8
0.0	0.0	0.0	0.1	0.0	0.0	0.0	0.2	0.0	0.0	0.0	0.0	-	0.0
0.3	0.1	0.4	1.2	2.2	0.4	0.0	15.2	5.1	4.3	0.4	0.6	0.0	67.6

港，シンガポールは再輸出額が多いため，相手国の輸入額（CIF，原産品を計上）に0.9を乗じた原産品値，③途上国間貿易交渉関連プロトコル（PTN），アジア太平洋貿易協定（APTA），途上国間貿易特が限定されていることなどから，FTA未発効国間とした，④薄い網掛け部分はTPP11，ASEAN・香港

から作成。

公表する FTA 利用統計があり，米国と日本が輸入における FTA の利用統計
を公表している。日本の FTA 利用統計は，2012 年から日本税関が定期的に
公表している。日本は域内では ASEAN[12]，メキシコ（2005 年），チリ（2007
年），インド（2011 年），ペルー（2012 年），オーストラリア（2015 年），カナ
ダ（2018 年），ニュージーランド（2018 年）と FTA を発効させているが，
輸入総額を分母とした日本の利用率は，おおよそ 1〜5 割程度となる[13]。日本

表 6-2　拡大アジア太平洋域内貿易における日系企業の FTA 利用率

（単位：件数，%）

所在国	輸出			輸入		
	n（輸出企業）	利用企業数	利用率	n（輸入企業）	利用企業数	利用率
日本	4,188	1,476	35.2	1,177	561	47.7
中国	316	75	23.7	210	66	31.4
韓国	153	89	58.2	118	77	65.3
香港	114	21	18.4	81	10	12.3
台湾	73	26	35.6	64	19	29.7
タイ	708	330	46.6	626	320	51.1
インドネシア	326	132	40.5	473	252	53.3
フィリピン	118	34	28.8	102	32	31.4
マレーシア	313	162	51.8	340	123	36.2
ベトナム	559	213	38.1	596	220	36.9
シンガポール	452	105	23.2	292	75	25.7
カンボジア	32	11	34.4	68	13	19.1
ラオス	5	4	80.0	5	2	40.0
ミャンマー	4	0	0.0	28	6	21.4
オーストラリア	155	52	33.5	175	94	53.7
ニュージーランド	56	28	50.0	41	19	46.3
インド	116	44	37.9	309	182	58.9
米国	752	326	43.4	246	146	59.3
カナダ	88	55	62.5	108	70	64.8
メキシコ	63	45	71.4	151	109	72.2
ペルー	16	6	37.5	5	2	40.0
チリ	20	14	70.0	38	32	84.2
拡大アジア太平洋	8,627	3,248	37.6	5,253	2,430	46.3

注：①n は当該国の日系企業が FTA 発効相手国に輸出／輸入している企業数。無回答も除く。但し，
　　日本の輸入のみ，統計制約から無回答を含む。②2016 年のアンケート結果に基づく。但し，日本
　　の輸入のみ 2015 年アンケート結果に基づく。③ブルネイ，パプアニューギニアはデータ制約から，
　　ロシアは域内国との FTA が未発効のため非掲載，④1 企業が複数の FTA 発効国に輸出／輸入，
　　FTA 利用している場合はそれぞれカウント，⑤香港の対中国 FTA 利用数には，統計制約から，
　　マカオ・中国間の FTA 利用を含む場合がある。
資料：「2016 年度日本企業の海外事業展開に関するアンケート調査」，「2015 年度日本企業の海外事
　　業展開に関するアンケート調査」，「2016 年度アジア・オセアニア進出日系企業実態調査」，「2016
　　年度米国・カナダ進出日系企業実態調査」，「2016 年度中南米進出日系企業実態調査」（いずれ
　　もジェトロ）から作成。

では一般関税が無税の品目の貿易額が貿易総額に占める比率が，非農産品で81.2％，農産品で37.0％を占めており，米国（同53.3％，38.9％）（いずれも2017年）と比べても大きいことが，日本の輸入総額を分母とした FTA 利用率が米国と比べて，低くなるひとつの要因と指摘できる[14]。また，浦田・早川（2015）は，同 FTA 利用統計を用いて，FTA の特恵税率が MFN 税率よりも低い品目でかつ輸入実績がある品目の輸入額を分母として利用率を算出している。同方法に基づくと，後発開発途上国（LDC）を対象とする一般特恵関税（GSP）が適用されるカンボジア，ラオス，ミャンマーを除き，FTA 利用率が5〜10割に上昇することが明らかにされている[15]。

　日本企業の利用に限られるものではないが，米国の FTA 利用統計は，米国国際貿易委員会（ITC）が公表している。米国は，拡大アジア太平洋域内では，韓国，シンガポール，オーストラリア，ペルー，チリ，日本とは二国間FTA，メキシコ，カナダとは2020年6月までは NAFTA，2020年7月以降は USMCA を発効させている。米国は2018年に鉄鋼・アルミニウムに対して追加関税を発動したため，その影響のない2017年をベースに，米国の各国からの輸入において FTA を利用した輸入額を分子に，輸入総額を分母として，FTA の利用率を算出すると，シンガポールを除き，4〜6割となる（表6-3）。この輸入総額の中には，そもそも一般関税[16]が無税で FTA を利用する必要性のない輸入も含まれている。そのため，分母に輸入総額の代わりに，FTA を利用する必要性のある金額を用いることがより正確な利用率を把握することに

表6-3　米国の輸入における FTA 利用状況（2017年）

(単位：億ドル)

	利用 FTA	発効年	FTA を利用した輸入額	輸入総額	FTA 利用率	有税品目の輸入額	FTA 利用率
メキシコ	NAFTA	1994年	1,836	3,117	58.9	1,987	92.4
カナダ	NAFTA	1994年	1,300	2,982	43.6	1,785	72.9
韓国	米国・韓国	2012年	331	708	46.8	382	86.7
チリ	米国・チリ	2004年	60	105	56.6	61	97.0
オーストラリア	米国・オーストラリア	2005年	40	102	39.6	44	91.5
ペルー	米国・ペルー	2009年	37	79	47.0	45	82.3
シンガポール	米国・シンガポール	2004年	18	192	9.4	27	66.4

出所：米国国際貿易委員会から作成。

つながる。ITC では，有税品目の輸入額も併せて取得できることから，同輸入額を分母に用いると，利用率は7〜10割程度に上昇し，高い比率で FTA が利用されていることがわかる[17]。

　米国と日本に限られたデータではあるが，一般関税が無税の品目を除いて FTA 利用率をみると，高い比率で利用されていることが確認される。一方で，有税品目であっても FTA が利用されないケースがあることも事実であり，この要因には先進国で一般特恵関税（GSP），途上国で輸出や投資のインセンティブとして資本財や中間財などを中心に輸入関税が減免されるスキームなど他の代替的な特恵関税スキームがあること，各 FTA によって規定される原産地規則を満たせないことなどが理由として挙げられる。また，Hayakawa et al.（2013）などの先行研究からは，特恵マージン（一般関税率−特恵税率）が低い場合や企業規模が小さい場合には FTA 利用率が低下することが明らかにされており，一般関税率が低いもしくは特恵関税率の引き下げ幅が限定的な一部の品目や中小企業などの利用で，有税品目でも FTA が利用されないことがあると考えられている。

2．中核となる TPP，USMCA，RCEP の物品貿易への影響

　拡大アジア大洋州域内で数多くの FTA が発効し，活用されている中，TPP，USMCA，RCEP は域内の物品貿易に大きな影響を及ぼすと考えられる FTA である。本節では，この3つの FTA の着目点を概観するとともに，物品貿易面における日本企業への影響や課題を検証する。

(1)　貿易創出効果は限定的な TPP11，TPP12 と日米物品貿易協定

　TPP11 は，前述の通り，米国を除く11カ国で交渉が行われ，2018年3月に，米国の離脱表明から1年程度の短期間で署名にこぎつけ，2018年12月には日本，メキシコ，シンガポール，ニュージーランド，カナダ，オーストラリアの6カ国で発効，2019年1月にはベトナムでも発効した。チリ，ペルー，ブルネイ，マレーシア[18]の批准が待たれている。

　TPP11 は，TPP12 の 21 世紀型の FTA としての内容を堅持していると指摘できる。TPP11 は，TPP12 で約束された生物製剤のデータ保護期間，著作権の保護期間など知的財産分野を中心に 22 項目が凍結，加えて追加的なサイドレターが締結されたが，物品分野の市場アクセスは当初通りの水準が維持され，電子商取引章は凍結対象とならず，国有企業，労働などは一部で凍結，サイドレターの対象となった項目があるものの，主たる内容は維持されている[19]。中でも，電子商取引章において，21 世紀の企業活動において国境を超えるデータフローの重要性が増す中，①電子的手段による情報の越境移転の許可[20]，②自国領域における事業遂行の条件としてコンピューター関連設備の利用・設置の要求禁止[21]，③ソースコードの移転・アクセス要求の禁止[22]の TPP3 原則と呼ばれるルール整備が行われた意義は大きい[23]。

　TPP11 は，米国離脱により恩恵を大きく失い，利害のバランスが崩れることで，11 カ国全てが署名できないのではないかと懸念された中，1 カ国も欠けずに署名された。中でも，ベトナムは米国離脱によって物品貿易で最も便益が失われるため，ベトナムが TPP11 に合意できるか懸念された。ITC によると，ベトナムが米国で支払っている関税額（2019 年）は 44 億ドルと，日本（25 億ドル）や他の参加国と比較して多くの額を支払っている（表6-4）。この背景には，ベトナムの対米国の主力輸出品である縫製品（HS61〜63）に対して，米国では単純平均で 10.1％（2019 年）[24]の高関税が適用されているためである。TPP12 で，米国は縫製品に対する関税率を即時撤廃もしくは段階的に関税撤廃（最長で発効後 13 年目に撤廃）することを約束し，ベトナムと米国間の縫製品貿易は TPP12 で最も大きな貿易創出効果が期待された分野である[25]。そうした中，ベトナムが TPP11 に署名したことは，ベトナムの経済改革に対する基本姿勢に変化がないことを内外に示すこととなった。

　なお，米国における 2018 年と 2019 年の関税支払額は多くの国で 2017 年と比較して大幅に増加しているが，この要因には貿易額増加による自然増とともに，トランプ政権が 2018 年に行った鉄鋼・アルミニウムへの追加関税（鉄鋼：25％，アルミニウム：10％）による増加が影響している。中でも，カナダは鉄鋼製品（HS72〜73）とアルミニウム（HS76）に対する 2018 年の関税額が前年比 241 倍の 11 億ドル，メキシコは 119 倍の 4 億ドルに急増した[26]。

　物品貿易面では，TPP11 は各国の主要貿易相手国である米国が離脱したことで，貿易創出効果は限定的に留まる。TPP11 で，新規に FTA が発効する国間は日本・カナダ，日本・ニュージーランド，マレーシア・ベトナム・ブルネイ・オーストラリア・ニュージーランドとカナダ・メキシコ・ペルー間，シンガポールとカナダ・メキシコ間である。前述の貿易マトリクスに基づくと，TPP11 の場合は，拡大アジア太平洋域内の FTA カバー率の上昇幅はわずかに 0.7％に留まるが，米国が復帰して TPP12 となった場合には FTA カバー率は追加的に 1.5％（日米間の貿易を含めると 4.9％）上昇する。

　一方で，TPP11 によって新規に FTA が発効する国間で，食料品や縫製品など関税マージンの大きい品目で貿易が活発化することが見込まれる。食料品については日本の関税率が高い一方，同分野で競争力を有するカナダ，ニュージーランドが参加しているため，日本の牛肉など食料品輸入で活用されることが見込まれる。一方，カナダ，ニュージーランドは乗用車（HS8703）に対してそれぞれ単純平均（2019 年）で 5.8％，6.6％の関税を課しており，日本からの乗用車輸出で活用されると考えられる。また，カナダには日系乗用車メーカーの生産拠点もあり，日本からカナダへの自動車部品輸出も TPP の恩恵を受ける。さらに，カナダとメキシコでは縫製品（HS61〜63）に対する平均関税率がそれぞれ 16.1％，21.6％と高関税が課されている一方で，縫製品に高い競争力を有するベトナムが参加しており，ベトナムから両国への縫製品輸出が拡大することが見込まれる。また，TPP では縫製品に対する原産地規則にヤーンフォーワードルールと呼ばれる 3 工程基準が採用され，糸，生地，裁断・縫製の 3 工程を域内で行うことが求められる。そのため，ベトナムが縫製品輸出を拡大する上で，日本やマレーシアなど域内からの糸，生地の輸入が増加することも考えられる。

　中長期的に，TPP を日本企業にとり，一段と使いやすいものにするためには，米国の復帰とともに，日本企業が集積し，TPP 参加国との生産ネットワークのつながりの深い国の参加を促していくことが求められる。中でも，タイは，日本の製造業が集積しており，タイの TPP 参加は日本企業の TPP 利用促進につながる。当然ながら，中国にも日本企業が集積しており，中国の参加は TPP を日本企業の生産ネットワークに適した FTA にすることに貢献する。

但し，TPP には国有企業章や電子商取引章など中国が受け入れることが困難とみられるルールも多く，中国の TPP 加盟が短期的に実現することは困難と考えられる。TPP12 の署名後には，タイ，インドネシアなどが TPP 参加への関心を示すなど，米国への市場アクセスが不利化する TPP 非参加国で，TPP 参加へのインセンティブが強まったが，TPP11 は貿易転換効果が小さく，非参加国に対する TPP11 へのグラビティを強めるためには，米国の TPP 復帰が重要な要素となる。

表6-4　米国の TPP 締約国に対する関税額（2019 年）

（単位：100 万ドル）

	米国とのFTAの有無	関税総額			関税支払額の多い主要品目（HS2桁ベース）					
		2017年	2018年	2019年	HSコード	金額	HSコード	金額	HSコード	金額
ベトナム	無	3,322	3,885	4,373	61	1,636	62	966	64	958
日本	日米貿易協定	2,368	2,625	2,516	87	1,224	84	310	85	168
カナダ	NAFTA	224	1,268	842	72	294	76	178	73	105
メキシコ	NAFTA	339	825	729	72	135	85	127	87	103
マレーシア	無	198	318	528	85	339	61	43	62	25
シンガポール	米国・シンガポール	25	55	81	85	46	98	14	84	6
ニュージーランド	無	34	37	33	22	7	02	6	04	4
オーストラリア	米国・オーストラリア	13	12	13	17	2	84	2	11	2
ペルー	米国・ペルー	6	6	8	61	2	15	1	39	1
チリ	米国・チリ	4	4	4	74	0.5	51	0.4	84	0.4
ブルネイ	無	1	1	1	61	1	73	0.4	62	0.05

出所：米国国際貿易委員会から作成。

　その米国は，2018 年 1 月のダボス会議で，トランプ大統領が，TPP 参加国と二国間交渉とともに多国間交渉を行うことも検討していると発言し，TPPへの米国復帰の期待が高まったが，その後，米国の TPP 復帰に向けた具体的な動きはみられない。日本とは，2018 年 9 月の日米首脳会談で，二国間の貿易協定の交渉開始で合意し，2019 年 10 月に日米貿易協定に署名，2020 年 1 月に発効した。また，同時に TPP3 原則と同様の規定等を含む日米デジタル貿易協定も署名・発効している。

　日米貿易協定では，2020 年 1 月の発効時点で自由化対象となった品目は限定的であり，日本は牛肉など一部の食料品，米国は工作機械など一部の食料品・工業品が対象となっているに過ぎない[27]。日米間では更なる交渉が約束

されており，今後，関税撤廃・削減品目の拡大も期待されるが，先進国間の FTA で限定的な品目を対象に署名・発効することは異例なことである。

　米国としては，TPP11 の発効によって食肉等の日本への市場アクセスがオーストラリアやニュージーランドに対して劣後する状況を日米貿易協定で改善したこととなる。日本側では，一部物品の米国市場アクセス改善とともに，大きな成果として位置付けている点が自動車・自動車部品への追加関税の回避を担保したことである。具体的には，両協定の合意を発表した 2019 年 9 月の日米共同声明において，「日米両国は，これらの協定が誠実に履行されている間，両協定及び本共同声明の精神に反する行動は取らない」との文言が盛り込まれたことである。トランプ政権は，2018 年 5 月に鉄鋼・アルミニウム製品への追加関税を発動したことに続き，自動車・自動車部品にも追加関税を賦課する方針を示していたが，同文言は米国が日本の自動車・自動車部品に対して追加関税を課さないことを約束したと解釈されている。

　物品貿易において，日米貿易協定が TPP のような多国間 FTA に劣る点が，累積の限定性にある。累積とは FTA 締約国で，同一 FTA に属する他の FTA 締約国の原産品である原材料を利用する場合，同原材料を原産材料とみなす規定であり，二国間 FTA の場合は累積の適用が原則として当該二国間に留まるのに対し，参加国が多い FTA 程，累積が幅広い国に共通して適用され，原産地規則を満たしやすくなる。原産地規則が満たせず，企業が最適な調達先を変更する場合には，貿易転換効果が生まれ，企業の生産活動の効率性を低下させることになるため，FTA は生産ネットワークの連結が強い国間とともに，累積が広域で適用されることが望ましい。

　日米貿易協定では，二次的な選択肢として，柔軟な累積規定である「拡張累積」を導入する方法もある。具体的には，日米両国がともに FTA を締結している第三国（当該 FTA 上は FTA 非締約国）の原産品である原材料を，いずれかの FTA 締約国で利用する場合に，同原材料を原産材料とみなすことが挙げられる。日米貿易協定の累積の限定性を補い，累積の対象を広域化する機能がある。このような柔軟な累積規定は EU が締結する FTA に盛り込まれており，例えば，署名済みの EU・シンガポール FTA では，非締約国であるシンガポール以外の ASEAN 諸国の産品も，同 ASEAN 諸国と EU 間で GATT 第

24 条に則った FTA を締結している場合には，累積対象とできると規定され
ている[28]。また，2019 年 2 月に発効した日 EUEPA では，日 EU 両国・地域
が手続等について別途合意した場合には，一部の自動車部品を対象に，日本と
EU 双方が FTA を締結している第三国の産品を原産材料として累積すること
を認める規定が盛り込まれている[29]。また，一般特恵関税（GSP）の原産地
規則では，日本，米国ともに類似の規定である「地域累積」（GSP 供与国が指
定する第三国の原産品である原材料の累積を認める制度）が認められている実
績がある[30]。

　このような柔軟な累積規定は，二国間 FTA の累積の限定性を補う面がある
が，多国間の FTA は累積の広域性に加えて，統一された原産地規則など各種
のルールの調和ももたらされ，米国を含む TPP12 が望ましいことに変わりは
ない。

⑵　自動車の生産ネットワークへの影響大きい USMCA

　拡大アジア太平洋の中で，日本企業の生産ネットワークに大きな影響を与え
ると考えられる FTA が，NAFTA を引き継いだ米国・メキシコ・カナダ協定
（USMCA）である。米国のトランプ政権によって提起された NAFTA 見直し
は，2017 年 8 月から交渉開始，2018 年 11 月に署名，2020 年 7 月に発効した。

　USMCA は，「近代化」と「保護主義」が混在している。近代化の面では，
デジタル貿易章が新たに設けられたことが挙げられ，デジタル貿易章には，前
述の TPP3 原則と同様の内容が盛り込まれている[31]。デジタル貿易章の新設
は，1994 年に発効した NAFTA を時代の要請に合わせて近代化する取り組み
と位置付けられる。

　一方，保護主義的な面は，自動車分野に集中しており，自動車に対す
る USMCA の原産地規則は NAFTA に比較して大幅に強化されている。
USMCA と NAFTA の自動車に対する原産地規則を比較すると，USMCA で
は①乗用車・ライトトラック[32]に対する原産地規則は，付加価値基準（ネッ
トコスト方式）[33]が求められ，移行措置を含みながら，発効当初は 66％で発
効 3 年後には 75％に引き上げられることが規定されている。NAFTA では，
付加価値基準（ネットコスト方式）で 62.5％と規定されているため，名目上，

12.5％の引き上げとなる。商用車（heavy truck）[34]については，発効当初は付加価値基準（ネットコスト方式）で60％，発効7年後に同70％に引き上げられる。

さらに，USMCA では，NAFTA で採用されていた特定品目を対象としたトレーシングが撤廃されており，実質的には名目を上回る付加価値基準の引き上げとなる（志賀 2018）。トレーシングとは，NAFTA の附属書第403条で規定され，同条に掲載された自動車部品については，非原産材料の価格を輸入時点まで遡って計上することを求める制度である。日本とアジアの FTA などでは，一般にロールアップ（当該 FTA で求める原産地規則を満たした原材料は，当該品目に非原産材料が含まれていたとしても，当該原材料の価格を原産品として取り扱うことを認める規定）が採用されているが，同品目に対してロールアップは適用されない。一方で，この NAFTA のトレーシングでは，同条で掲載されていない自動車部品については，同部品が域外からの輸入品（非原産材料）であっても全て原産材料扱いとすることが認められる（中畑 2017）。そのため，NAFTA では原産材料と判定されていた材料が，USMCA では非原産材料として扱われることとなるため，付加価値基準の引き上げ幅を実質的に高める効果がある。同条に掲載された品目は HS84，HS85，HS87 を中心に HS6桁ベース（一部品目は4桁ベース）で90品目程度がカバーされているが，鉄鋼製品（HS72～73）が掲載されていないことが特徴である。中畑（2017）は，NAFTA 見直しによって鉄鋼製品，特に域外輸入に依存する熱延鋼板がトレーシング対象となるかトレーシングが撤廃された場合には，熱延鋼板を日本から調達している在メキシコの自動車メーカーが付加価値基準を満たすことを困難にしかねないと指摘していた。実際に USMCA では特定品目を対象としたトレーシングの撤廃によって，日本など域外から輸入された熱延鋼板は非原産材料として取り扱われることとなる。

さらに，USMCA では自動車の原産地規則に，鉄鋼・アルミニウムの域内調達への転換を促す条項[35]が導入されている。乗用車・ライトトラック・商用車を対象に，生産者による鉄鋼・アルミニウムの域内3カ国からの購買額の70％が原産材料であることを求めている。また，USMCA では労働付加価値比率（labor value content）という条項が導入されている[36]。これは，域内3カ

国において時給 16 ドル以上の賃金の工場で生産された部品・原材料がネット
コストに占める比率等が一定比率以上であることなどを求める規定であるが，
メキシコの賃金は一般に時給 16 ドルには達していないと指摘されている（志
賀 2018）。同条項は，メキシコで生産を行う自動車メーカーに，米国やカナダ
からの部品調達を増やすインセンティブを与える規定であり，同規定も貿易転
換効果を生み出すことが懸念される内容となっている[37]。

　USMCA の自動車に対する原産地規則の強化[38]は，これまでの FTA に類を
みない複雑な内容となっている。同原産地規則が及ぼす可能性がある効果に
は，第 1 に原産地規則を満たすために，自動車部品の調達先を域外から域内に
転換し，最適な調達行動を阻害する貿易転換効果を生じさせることである。原
産地規則の強化は，USMCA 域内の企業の調達行動に影響を与え，鉄鋼・ア
ルミニウムを中心に貿易転換効果を生み出すことが懸念される。

　第 2 に米国の乗用車に対する一般税率は 2.5%，ライトトラックは 25% であ
るが，自動車メーカーの原産地規則を満たすための証明コストと貿易転換コス
トが関税撤廃額を上回れば，USMCA の利用をあきらめ一般関税を支払って
輸出することとなる。自動車に使用される鉄鋼製品は安全基準にも影響する重
要部品で，簡単に調達先を転換できない部品である。米国のメキシコからの乗
用車・ライトトラックの輸入額は 596 億ドル（乗用車：372 億ドル，ライトト
ラック 225 億ドル，2019 年）に及んでおり，全てに関税額が課税された場合
は，関税総額は単純計算で 65 億ドル（同 9 億ドル，56 億ドル）に達すること
となる[39]。メキシコから米国への乗用車・ライトトラック輸出では日系企業
が幅広く関与しており，その影響は大きい。

　なお，USMCA では，非市場経済国条項[40]が導入されたことも特筆される
点である。同条項は，USMCA 加盟国のいずれかが中国などの非市場経済国
と新たに FTA を締結する場合には，他の加盟国に協定内容を事前に開示する
とともに，その他加盟国が USMCA から離脱することを認める規定である。
米国が今後，各国との FTA 交渉で同様の条項を盛り込んでいくと，各国は中
国など非市場経済国との FTA 交渉で自由度を低下し，中国は FTA 締結をし
にくくなることが見込まれる。その観点では，後述する RCEP 交渉では，中
国に早期に妥結するインセンティブを与えることにもなる。

⑶　日本企業の生産ネットワークとの適合性高いRCEP

　TPPと並んで，拡大アジア太平洋地域で交渉が行われているメガFTAが東アジア地域包括的経済連携（RCEP）で，アジア太平洋地域の16カ国が交渉に参加する経済連携協定の枠組みである。RCEPがカバーする地域では，これまでASEAN物品貿易協定（ATIGA）やASEAN+1FTAなどが発効しており，日本企業の生産ネットワークを支えるソフト・インフラとなっている。中でも，ASEANは，関税撤廃について質の高いFTAを実現している。2010年にはASEAN6[41]は99％の品目で関税を撤廃した。CLMV（カンボジア，ラオス，ミャンマー，ベトナム）についても，2015年には91％の品目で関税を撤廃，2018年には関税撤廃品目の比率を98％まで引き上げている[42]。ASEAN+1では，ASEAN・中国が94.3％，ASEAN・韓国が92.7％，ASEAN・日本が92.6％，ASEAN・オーストラリア・ニュージーランドが95.6％と90％を超える自由化率を実現しているが，ASEAN・インドは79.6％に留まっている（Fukunaga and Kuno 2012）。

　RCEPは，2012年11月に交渉開始が合意され，2015年末までの交渉終了を目指していたが，交渉合意は2020年以降に持ち越されている。2020年11月のRCEP首脳会議では，最終合意が期待されたが，最終段階でインドのモディ首相が，未解決の課題があるとして，RCEPからの交渉離脱も辞さない姿勢を示し，合意は持ち越されている。一方で，インドを除く15カ国は全章に関する交渉を終了させ，2020年に署名を行うため法的精査を行うことで合意しており，署名間近の段階となっている。

　交渉開始合意時には，「RCEP交渉の基本方針及び目的」が合意され，①既存のASEAN+1FTAよりも広く，深い約束，②後発開発途上国に対する柔軟性，③開かれた加盟条項などの項目が合意されている。2020年11月の共同首脳声明によると，RCEPは全20章から構成されており，ルール分野では投資に加え，競争，知的財産，電子商取引，政府調達などが挙げられており，RCEPの交渉内容はTPPと同様に包括的なものになっている[43]。

　しかし，RCEPについては，自由化水準やルール分野の規律内容は，TPPには及ばないとの見通しが有力である。関税の自由化では，インドは低い自由化率を強く求めているとされ，電子商取引などのルール分野では，中国やイン

ド，インドネシアなど多くの新興国が TPP と同水準のルールを許容すること
は難しいと考えられるためだ。2019 年 6 月に大阪で開催された G20 の際には
「デジタル経済に関する首脳特別イベント」が開催され，WTO での電子商取
引交渉を前進させることを盛り込んだ「デジタル経済に関する大阪宣言」が発
出されたが，同宣言にはインド，インドネシアは参加を見送っている[44]。

　一方で，RCEP は，物品貿易面で日本企業の生産ネットワークとの適合性が
高い点が特徴である。「在アジア・オセアニア進出日系企業実態調査」では，
進出日系企業の現地調達率を明らかにしている。アジア諸国の多くの国で，日
本企業の RCEP 域内調達率は，9 割前後に達しており，日本企業の生産ネット
ワークがほぼ域内で完結しており，最適累積圏とも指摘できる地域となってい
る（表 6-5）。

　また，日本は RCEP 交渉相手国 15 カ国の内，13 カ国とは FTA を発効させ
ているが，中国，韓国とは FTA を締結していない。一方，中国と韓国間では

表 6-5　在アジア・オセアニア進出日系企業の RCEP 域内からの部品調達比率（2019 年）

（単位：％）

	n	RCEP 域内	各国内現地調達	RCEP 域外
中国	348	94.4	69.5	5.6
ラオス	16	94.5	23.4	5.5
韓国	39	92.4	44.4	7.6
タイ	324	94.6	60.8	5.4
インド	180	93.4	55.5	6.6
インドネシア	297	90.4	45.9	9.6
カンボジア	35	91.9	12.1	8.1
ベトナム	415	88.9	36.3	11.1
オーストラリア	24	89.4	46.5	10.6
シンガポール	74	83.1	26.2	16.9
ミャンマー	25	86.5	20.0	13.5
フィリピン	63	88.0	33.4	12.0
マレーシア	143	91.2	37.8	8.8
ニュージーランド	25	84.5	67.5	15.5

注：RCEP 域内は各国内現地調達と日本，ASEAN，中国からの調達計。RCEP 域
　　外には統計制約からインド，オーストラリア，ニュージーランドからの調達を
　　含む。
出所：「2019 年度アジア・オセアニア進出日系企業実態調査」（ジェトロ）から作成。

2015 年に FTA を発効させており，両国間の段階的な関税削減・撤廃の深化とともに，日本からの両国への輸出は劣後する状況にある。この両国における劣後状況を改善するためにも，RCEP は重要な役割を担う。RCEP は，拡大アジア太平洋の FTA カバー率を 7.2％押し上げ，TPP11 よりも圧倒的に大きい。

さらに，RCEP は域内の発効済み FTA における原産地規則が調和されていない中，ルールの調和をもたらす。原産地規則では，ATIGA と ASEAN+1FTA の 6 つの FTA の内，5 つの FTA で多くの品目で選択型（複数の原産地規則の中から企業が選択できるルール）が適用されているが，ASEAN・インド FTA は併用型（全品目で 6 桁の関税分類変更基準と付加価値基準 35％以上の双方を満たすことを求めるルール）が適用されている[45]。また，原産地証明書への FOB 価格記載の有無も FTA によって異なり，ASEAN・インド FTA ではデミニマス（基準を満たさない非原産材料が一定比率以下である場合に，原産品として取り扱うことを認める規定）が認められていないなど，FTA によってルールが複雑に異なっている（椎野 2013b）。原産地規則の調和は企業の事務コストの削減とともに，意図せざる虚偽申告のリスクを低下させ，検認に関する政府のコスト低下にもつながることも期待される。

また，RCEP はアジア域内の物流効率化にもつながる。物流の一形態に「第三国における在庫分割」があり，これは迅速な物流対応のため，生産国，輸入国とは異なる第三国・地域に商品を在庫し，顧客からの発注などに応じて，在庫を分割した上で，再輸出を行う形態である。一般的にはシンガポールなど物流のハブとなっている国の港や空港の保税倉庫で在庫されている。多くのアジア域内の FTA で適用されている第三者証明制度[46]のもと，第三国において在庫分割を行うと，FTA の直送基準に照らして生産国において発給された原産地証明書が無効となり，輸入国で FTA が適用されなくなるため，FTA の適用を受けるためには，当該第三国の発給当局から「バックトゥバック原産地証明書」[47]の発給を受けることが求められる。しかし，第三国の当局が，同原産地証明書を発給するには，生産国，輸入国と同一の FTA に加盟している必要がある。例えば，日本原産の物品を，シンガポールで在庫し，分割して他の ASEAN 諸国に再輸出する場合には ASEAN・日本 FTA のもと，シンガポー

ルの当局は同原産地証明書を発給し得るが，インド，中国向けなどに再輸出する場合には，当該3カ国が加盟する同一のFTAが存在しないため，同原産地証明書を発給することができない。累積と同様に，広域FTAになるほど，第三国における在庫分割が行いやすくなるため，RCEPはアジア大洋州域内の物流の効率化に結びつく。このようにRCEPは，日本企業にとって，物品貿易で幅広く日本企業の生産ネットワークの効率化につながるメガFTAである。

　一方，さらなる物流効率化の観点からは，RCEPには課題があり，将来的には香港をRCEPに取り込んでいくことが重要である。香港はシンガポールと同様に同地域の物流ハブで，香港で在庫分割を行っている企業も多いが，香港が域内で発効させているFTAが少なく，香港当局によってバックトゥバック原産地証明書を発給し得ないという問題点がある（Shiino 2013）。2019年にはASEAN・香港FTAが発効したが，ASEAN・香港FTAではASEAN諸国間の在庫分割のための同証明書を香港で発行することが可能となっても，ASEANと中国間の在庫分割のための同証明書を香港で発行することができない課題が残る。

　第三国における在庫分割を効率化する観点からは，RCEPで自己証明制度を採用する方法もある。自己証明制度の場合は，域外の第三国における在庫分割の場合でも，域内の生産者や輸出者等の自己証明書とともに，第三国において保税状態が保たれていることを証明する書類を提示することで，最終輸入国税関でFTAの適用が認められる場合があるためだ。自己証明制度は，第三国証明制度と比較して，手数料やリードタイムの削減とともに，在庫分割を効率化する効果もある[48]。

おわりに

　本章では，拡大アジア太平洋地域において，FTAの形成状況を確認し，日本企業のFTAの活用状況，企業活動を効率化・円滑化する観点から同地域におけるFTAの課題を，物品貿易面を中心に検討した。FTAの形成状況につ

いては，域内 FTA カバー率は 67.6％に及ぶが，日本と中国，韓国間，アジア
と北米，中南米など地域を横断する各国間での FTA などで形成されていない
ことが課題となっている。また，日本企業の FTA 利用では，日本と域内諸国
間の貿易のみならず，第三国間の FTA も日本企業に幅広く利用されている。

　拡大アジア太平洋地域では，TPP と RCEP の 2 つのメガ FTA の形成が並
行して進められている。TPP11 は電子商取引や国有企業など 21 世紀型のルー
ルを包含する FTA であるが，物品面での貿易創出効果は限定的である。一
方，RCEP は TPP と同水準のルールを盛り込むことは困難とみられるが，日
本企業の生産ネットワークに適合的な FTA であり，物品貿易面での効果が大
きいことが見込まれる。長期的には，RCEP をステッピング・ストーンとし
て，TPP への加盟国を拡大していくことが，拡大アジア太平洋におけるメガ
FTA 形成の現実的な選択肢となると考えられる。TPP への参加国を拡大して
いくためには，米国の復帰によって，TPP へのグラビティを高めることが必
要となる。その観点で，RCEP の形成は，米国がアジア大洋州との貿易で貿易
転換効果を通じて不利化することにつながり，米国の TPP 復帰をも促す効果
が期待できる。

注
1）アジア太平洋地域とは，本章では APEC の対象地域とする。
2）メガ FTA については明確な定義はないが，ジェトロ（2016）の定義である「経済規模の大きい
　日本，米国，EU，中国の二者以上が参加する FTA」とする。
3）本章で，TPP とは TPP12，TPP11 の双方を含む用語として使用する。
4）APEC 参加国・地域は，日本，中国，韓国，香港，台湾，タイ，インドネシア，フィリピン，
　マレーシア，ベトナム，シンガポール，ブルネイ，オーストラリア，ニュージーランド，米国，カ
　ナダ，メキシコ，ペルー，チリ，パプアニューギニア，ロシアの 21 カ国・地域。
5）アジア太平洋自由貿易圏（FTAAP）構想については，2006 年の第 14 回 APEC 首脳会議におい
　て，長期的展望として研究することで合意したことが始まりである。FTAAP 構想の経緯について
　は，菅原（2006）が詳しい。2010 年には，横浜で開催された APEC 首脳会議で，「FTAAP への道
　筋」が採択，2014 年に北京で開催された APEC 首脳会議では，「FTAAP 実現に向けた APEC の
　貢献のための北京ロードマップ」が採択されている。2017 年の APEC 首脳会議においても，「我々
　は，APEC の地域経済統合アジェンダを進めるために，FTAAP の最終的な実現に向けたプロセス
　を包括的かつ系統的な形で進展させることへの我々のコミットメントを再確認」している。
6）第 30.4 条参照。APEC 非加盟国・地域の加入のための作業部会の設置は締約国の合意が条件と
　なっているが，APEC 加盟国・地域の場合は作業部会が自動的に設置される。
7）RCEP 交渉参加国は，日本，中国，韓国，ASEAN10 カ国，オーストラリア，ニュージーラン
　ド，インドの 16 カ国。本章では，アジア大洋州とは RCEP 交渉参加国とする。

8）貿易統計は Direction of trade（IMF），直接投資残高統計は「本邦対外資産負債残高統計」（財務省），「外国為替相場」（日本銀行）に基づく。直接投資残高統計については，統計制約から，ペルー，チリ，パプアニューギニアを除く数値となっている。

9）ブルリの FTA は，途上国間貿易交渉関連プロトコル（PTN），アジア太平洋貿易協定（APTA），南太平洋地域貿易・経済協力協定，ラテンアメリカ統合連合（ALADI），途上国間貿易特恵関税制度（GSTP），ASEAN 物品貿易協定（ATIGA），北米自由貿易協定（NAFTA），ASEAN・中国，環太平洋戦略的経済連携協定（P4），ASEAN・韓国，ASEAN・日本，ASEAN・オーストラリア・ニュージーランド，ASEAN・インド，イスラム開発協力会議（D8），太平洋同盟，TPP11，ASEAN・香港の 17 件。

10）世界貿易額（2019 年）は，IMF の Direction of Trade に基づき，18 兆 7240 億ドル。

11）ASEAN・香港 FTA は 2017 年 11 月に署名，2019 年 6 月に香港，シンガポール，タイ，ベトナム，ミャンマー，ラオス間で発効。2019 年 10 月にマレーシア，2020 年 5 月にフィリピン，2020 年 7 月にインドネシアで発効している。同 FTA は物品分野の関税撤廃・削減に加え，サービス，投資，知的財産などを対象。香港の貿易産業局によると，ASEAN 側は，シンガポールが発効時に即時関税撤廃，ブルネイ，マレーシア，フィリピン，タイは品目総数の 85％の品目について 10 年以内に関税を撤廃・10％の品目は 14 年以内に関税削減，インドネシア，ベトナムは同 75％の品目について 10 年以内に関税を撤廃・10％の品目は 14 年以内に関税削減，カンボジア，ラオス，ミャンマーについては同 65％の品目について 15 年以内に関税を撤廃・20％の品目は 20 年以内に関税削減する内容。但し，香港はもともと全ての関税が撤廃されていること，香港の輸出のほとんどは再輸出であり，原産品の輸出比率は 1.1％（2018 年）に留まっていることから，貿易創出効果は限定的と見込まれる。

12）日本は，ASEAN 全体（2008 年）とともに，シンガポール（2002 年），マレーシア（2006 年），タイ（2007 年），インドネシア（2008 年），ブルネイ（2008 年），フィリピン（2008 年），ベトナム（2009 年）と二国間 FTA を発効させている。

13）日本の各国からの輸入の FTA 利用率（2019 年）は，ベトナム 37.5％，タイ 27.8％，フィリピン 25.0％，インドネシア 21.7％，マレーシア 14.6％，ラオス 11.2％，カンボジア 8.5％，シンガポール 6.7％，ミャンマー 6.6％，ニュージーランド 51.9％，インド 31.5％，チリ 28.0％，メキシコ 22.9％，カナダ 22.4％，オーストラリア 7.8％，ペルー 7.1％。ASEAN10 カ国の内，CLM を除く 7 カ国とは二国間 FTA とともに，ASEAN・日本 FTA が発効しているが，この 7 カ国の FTA 利用率は両者の合計を用いて算出。なお，鉱物性燃料が主たる輸入品目となっているブルネイの FTA 利用率は 0.01％。

14）一般関税が無税の品目が貿易総額に占める比率は，World Tariff Profile 2019（WTO）に基づく。品目ベースでの無税品目比率は，日本が非農産品で 55.8％，農産品で 35.7％，米国は非農産品で 48.8％，農産品で 30.6％（いずれも 2018 年）。

15）カンボジア，ラオス，ミャンマーについては，1〜2 割程度に留まる。この要因には，この 3 カ国には，ASEAN・日本 FTA とともに，GSP が適用され，同 3 カ国の主力の輸出品である縫製品については，GSP で求められる原産地規則が ASEAN・日本で求められる原産地規則よりも緩やかであるため，GSP が広く利用されている。

16）一般関税とは，本章では，WTO 協定税率を意味する。

17）米国 ITC 統計からの算出方法について，三井物産戦略研究所の山田良平北米室長に教示を頂いた。

18）この内，マレーシアについては 2018 年の総選挙で TPP を推進したナジブ政権が敗北し，野党統一候補として選挙戦を戦ったマハティール前首相による政権が誕生した。マハティール前首相は，首相就任後に，自由貿易に対して慎重な発言をするとともに，プロトンの生みの親である前首相は

改めて国産車計画に言及し，TPP を通じた自動車分野の自由化に不透明感を与えるなど，TPP に対する姿勢が定まっていなかった。その後，2020 年 3 月にマハティール前首相から袂を分かったムヒディン政権が誕生したが，不安定な政治情勢が続いており，批准までには時間がかかるとみられる。

19) 凍結項目とサイドレターの締結内容については，内閣官房 TPP 等政府対策本部のウエブサイト (https://www.cas.go.jp/jp/tpp/) 参照。国有企業については，マレーシアの附属書Ⅳの留保表の文言を，「この協定の署名の後」から「効力を生じた後」と変更した点が修正内容である。労働については，サイドレターが締結され，ベトナムに対して，締約国は労働章全体について発効後 3 年間，労働者の権利については同 5 年間，第 28.20 条（未実施〔代償及び利益の停止〕）に基づく措置を行わないことを約束。

20) TPP 第 14.11 条。

21) TPP 第 14.13 条。

22) TPP 第 14.17 条

23) ジェトロ（2018）によると，米国が電子商取引について独立した章で締結した 11 件の FTA の内，TPP3 原則のいずれかが含まれている FTA は米国・韓国 FTA で電子的手段による情報の越境移転の許可が含まれているのみである。

24) WTO が提供する Tariff Analysis Online に基づく。

25) TPP12 による貿易面で想定される効果は，Shiino（2017）が詳しい。

26) カナダ，メキシコに対する同追加関税については，2019 年 5 月に米国は両国との間で，ダンピング輸入等への対処で合意し，国家安全保障を損なう恐れがないとして，同追加関税を撤廃した。

27) 日本側の関税撤廃・削減品目は一部の食料品が対象となっている。米国は醤油等の一部の食料品，工業品では一部の化学品・鉄鋼製品・卑金属製品・一般機械・電気機器・楽器等が対象。菅原（2019）によると，米国側の関税撤廃・削減の対象品目の対日輸入額（2018 年）は 72 億ドル，日本側の関税撤廃・削減の対象品目である食料品の対米輸入額も 72 億ドル（同）と指摘している。2018 年の米国の対日輸入額は 1426 億ドル，日本の対米輸入額は 836 億ドルである。

28) 椎野幸平・牧野直史・安田啓「EU の対シンガポール輸入関税がほぼ全て撤廃へ—EU・シンガポール FTA 協定書案—」，2013 年 10 月 7 日付け通商弘報。

29) 日 EUEPA 付録三-B-1 特定の車両及び車両の部品に関する規定，第 5 節第三国との関係。

30) 日本と米国の GSP は椎野（2013a）参照。

31) USMCA 第 19.11 条，USMCA 第 19.12 条，USMCA 第 19.16 条で規定。USMCA ではソースコードに加えて，アルゴリズムが条文に追加されている。

32) USMCA では乗用車は HS870321 〜 HS870390 と定義，ライトトラックは HS870421，870431 と定義されている。一部要件のもと 75％ より緩い付加価値基準が適用される場合がある。

33) ネットコストとは，総費用から販売促進費，マーケティング費，販売後のサービス費用，ロイヤルテイ，船積み・梱包費用，一定の金利費用であり，ネットコストを分母に原産材料の付加価値比率を算出する。

34) USMCA では商用車は HS870120，870422，870423，870432，870490，8706 と定義されている。

35) USMCA 第 4-B.6 条。

36) USMCA 第 4-B.7 条。

37) 内山（2018）は，メキシコが自動車分野でこのような内容の協定を受け入れた背景として，対メキシコ投資をつなぎとめるため，NAFTA 消滅を避けることを優先したと指摘している。

38) この他，自動車メーカーが調達する自動車部品に対する原産地規則も強化されている。

39) 米国の対カナダの乗用車・ライトトラック輸入額（2019 年）は 398 億ドル（乗用車：376 億ドル，ライトトラック 21 億ドル）で，関税額は単純計算で 15 億ドル（乗用車：9 億ドル，ライトト

ラック5億ドル）となる。

40）USMCA 第 32.10 条。

41）シンガポール，タイ，マレーシア，インドネシア，フィリピン，ブルネイの6カ国。

42）第50回 ASEAN 経済大臣会合共同声明（2018 年8月）に拠る。ASEAN10 カ国全体の関税撤廃率は 98.6%。

43）20章は，冒頭の規定・一般的定義，物品貿易，原産地規則，税関手続・貿易円滑化，衛生植物検疫，任意規格・強制規格・適合性評価手続，貿易救済，サービス貿易，自然人の移動，投資，競争，知的財産，電子商取引，中小企業，経済・技術協力，政府調達，一般規定・例外，制度に関する規定，紛争解決，最終規定である。

44）G20 諸国の内，南アフリカも参加を見送った。

45）ASEAN・中国 FTA では原産地規則として付加価値基準のみが適用されていたが，2019 年に多くの品目で選択型の適用を認める改定を行った。

46）第三者証明制度とは，政府機関・商工会議所などの第三者機関が物品の原産性を判定し，原産地証明書を発給する制度。一方，自己証明制度とは，メーカー・輸出者（FTA によっては輸入者）が自ら物品の原産性を証明する制度。

47）ASEAN・中国 FTA では移動証明書（movement certificate）と呼称。

48）自己証明制度と第三者証明制度の比較は椎野（2012）。

参考文献

内山直子（2018）「メキシコ自動車産業における NAFTA 再交渉の影響：日系企業を中心に」LATIN AMERICA REPORT 2019, Vol. 35, No. 2, アジア経済研究所。

浦田秀次郎・早川和伸（2015）「日本の輸入における経済連携協定の利用状況」『貿易と関税』8月号，日本関税協会。

椎野幸平（2012）「利便性増すアジアの FTA」『ジェトロ・センサー』12 月号，07-09 頁。

椎野幸平（2013a）「アジア新・新興国への進出と GSP の活用～日本，EU，米国の GSP 比較」ジェトロ。

椎野幸平（2013b）「アジア太平洋地域の FTA 動向」梶田朗・安田啓編『FTA ガイドブック』ジェトロ，84-107 頁。

ジェトロ（2015）「2015 年度日本企業の海外事業展開に関するアンケート調査」ジェトロ。

ジェトロ（2016a）『ジェトロ世界貿易投資報告 2016 年版』ジェトロ。

ジェトロ（2016b）「2016 年度日本企業の海外事業展開に関するアンケート調査」ジェトロ。

ジェトロ（2016c）「2016 年度アジア・オセアニア進出日系企業実態調査」ジェトロ。

ジェトロ（2016d）「2016 年度米国・カナダ進出日系企業 実態調査」ジェトロ。

ジェトロ（2016e）「2016 年度中南米進出日系企業実態調査」ジェトロ。

ジェトロ（2018）『ジェトロ世界貿易投資報告 2018 年版』ジェトロ。

ジェトロ（2019）「世界と日本の FTA 一覧」ジェトロ。

志賀大祐（2018）「新 NAFTA（USMCS）がもたらす影響とは」『みずほグローバルニュース』Vol. 101，2 月号。

菅原淳一（2006）「突如浮上したアジア太平洋 FTA（FTAAP）構想～進展する東アジア経済統合への米国の関与～」みずほ総合研究所。

菅原淳一（2019）「日米貿易交渉は第2段階へ　今次合意は米の早期妥結要望に沿った「初期協定」」みずほ総合研究所。

中畑貴雄（2017）「トレーシング対象に熱延鋼板が加わると自動車業界に影響—NAFTA 原産地規則改定の留意点—」『通商弘報』7 月 18 日付。

Fukunaga, Y. and A. Kuno (2012), "Toward a Consolidated Preferential Tariff Structure in East Asia: Going beyond ASEAN+1 FTAs," *ERIA Policy Brief*, No. 2012-03.

Hayakawa, K, D. Hiratsuka, K. Shiino and S. Sukegawa (2013), "Who Uses Free Trade Agreements?" *Asian Economic Journal*, Vol. 27, No. 3, pp. 245-264.

Shiino, K. (2017), "Possible Impacts of TPP on Trade in Goods in Asia," in Daisuke Hiratsuka (ed.), *Comprehensive Development Strategy to Meet TPP*, (Bangkok Research Center Research Report), pp. 21-53.

Shiino, K. (2013), "How Far Will Hong Kong's Accession to ACFTA Impact its Trade in Goods?" ERIA Discussion Paper, 2013-04.

（椎野　幸平）

第7章
ASEAN 連結性強化と産業立地の変化：
米中貿易戦争によるベトナムへの投資加速

はじめに

　近年，アジアにおけるインフラ投資需要は極めて大きなものとなっている。ASEAN 経済共同体（AEC）を形成して地域経済統合を進める ASEAN では，インフラ整備を通じての外国投資（FDI）による競争力強化をひとつの柱として目指してきた。AEC 形成に先立つ 2007 年の ASEAN ブループリント以来，外国資本が求めるサプライチェーン構築を可能にする，ASEAN 域内の交通・運輸分野の改善と連結性（connectivity）向上が不可欠な要素とされてきた。ASEAN 連結性マスタープラン（MPAC）において「連結性」を分類，定義し，ブルネイ行動計画（BAP）では交通モード別の4つのセクターにおける具体的な目標などを示した。さらに AEC 形成後，2025 年を目指す AEC2025 ブループリントとクアラルンプール交通戦略計画（KLTSP）が示され，その後 ASEAN 連結性マスタープラン 2025（MPAC2025）が打ち出された。交通・運輸の改善への継続した取り組みは，製造業における産業集積の拡大や工程間分業の促進などを通じて，ASEAN 域内に立地した産業にも望ましい影響を与えるものと考えられている。インフラ整備により ASEAN における産業立地が促進されているが，これに加えて 2018 年以来の米中貿易戦争が進むことで，ASEAN が中国からの生産移転の受け皿となる動きが加速してきている。

　近年外国投資が集中するベトナムにおいては，輸出構造に大きな変化が見られる。それまで繊維・縫製品などが輸出の主力品目であったが，携帯電話（スマートフォン）が輸出品目のトップを占めるまでになった。ベトナム北部のハ

ノイ，ハイフォンにおいてアジア新興国大手企業の立地が急増し，この地域における都市交通，近郊都市接続を中心とした交通・運輸の改善，連結性の向上がこうした変化を後押ししている。一方，米中貿易戦争の進行に伴い，中国製品の迂回生産地として ASEAN の中でも特にベトナムが注目されるようになっており，労働集約的な製品の生産のための投資が拡大している。

1. アジア交通インフラ投資と ASEAN 経済統合・ASEAN 連結性

(1) アジアのインフラ需要予測

2017 年にアジア開発銀行（ADB）より公表された『アジアのインフラ需要への対応』によれば，アジアの開発途上国・地域が現在の経済成長を維持すると仮定すると，2016 年から 2030 年までにアジア全体で 22.6 兆ドル，年間 1.5 兆ドルが気候変動調整前の基本予測額として必要なインフラ投資額であるとしている（表 7-1）。この予想額は ADB が 2009 年に公表した約 8 兆ドルの 2 倍以上に膨れ上がっている[1]。エリア別の内訳では，中国が 13.1 兆ドルで全体の過半の 58% を占め，ASEAN が 2.8 兆ドルで 12% となっている。分野別では，東アジア諸国の高い経済成長を背景として特にエネルギー需要が高まるであろうことから電力関連インフラが 52% を占め，次いで交通・運輸関連インフラが 35%（共に基本予測額）となっている。

表 7-1 分野別インフラ投資需要予測額（アジア 45 カ国 2016-2030 年：10 億ドル）

分野	基本予測額			気候変動調整済み予測額			気候変動関連投資（年間）	
	投資需要	年間平均	合計比(%)	投資需要	年間平均	合計比(%)	適応	緩和
電力	11,689	779	51.8	14,731	982	56.3	3	200
交通・運輸	7,796	520	34.6	8,353	557	31.9	37	–
通信	2,279	152	10.1	2,279	152	8.7	–	–
水・衛生	787	52	3.5	802	53	3.1	1	–
合計	22,551	1,503	100.0	26,166	1,744	100.0	41	200

出所：ADB（2017）。

　この ADB による投資需要見通しに基づくと，ファイナンスをどう行うかが大きな問題であり，インフラ投資不足を補うためには公的資金だけではなく民間による投資額を現在の 630 億ドルから 2500 億ドルに増額（2016-2020 年の各年）することが必要であるという[2]。しかしながら，公共インフラ建設・運営に PPP（官民連携）の活用が行われているものの，後述するベトナムなどの例に見られるように交通分野においては電力分野に比べると，プロジェクトの収益性などに起因する利用低下などの問題点が見られる。またインフラ整備増加によって途上国側の財政負担が重くなりつつあり，累積するインフラ資産の増大はメンテナンスコスト増による圧迫を招くという重大な課題がある。

　世界的な PPP 投資額ではブラジル，インド，トルコ，中国，メキシコの 5 カ国が Big5 と呼ばれるが，アジア途上国ではインドが突出して大きい[3]。分野別の投資額では，長期需要予測にもあるように独占形態であるエネルギー・電力の比率が高く，次いで交通分野となっており，インドは民間の参入リスクが高いとされる交通分野にも PPP を活用している例外的な国となっている。ASEAN においては現時点で PPP の活用は限定的であるが，こうしたインフラ・ファイナンスは避けて通れない課題となっている。

⑵　ASEAN 経済共同体と交通・運輸分野の改善

　制度的な地域経済統合を進めている ASEAN では，ASEAN 経済共同体（AEC）が構想される中で，2007 年の ASEAN ブループリント以来，ASEAN 域内の交通・運輸分野の改善を着実に進展させてきた。ASEAN 連結性（ASEAN Connectivity）の強化につながるインフラ・プロジェクトの完成や課題の解決は AEC の成否にも直結するものとして重要視されてきた。ASEAN 地域統合の深化は，1992 年に始まり 2010 年にほぼ完成された AFTA（ASEAN 自由貿易地域）による域内関税削減・撤廃という大きな柱があり，それに交通インフラ整備と連結性の強化が加わることで，ASEAN への外国投資を誘致し，競争力を強化するものとして考えられた。交通・運輸分野に関連の深い連結性の概念のうち，物理的連結性が主に道路，港湾などハードインフラの整備に当たり，制度的連結性が交通協定や手続き簡素化などによる貿易円滑化・自由化のためのソフトインフラ整備を含むものとなっている。ハードイ

ンフラに比べて遅れているとされるソフトインフラについては，ASEAN 加盟
国は 2015 年 12 月の AEC の創設を見据えて多くの交通関連協定類，覚書など
に署名してきた（表 7-2）。

表 7-2　交通・運輸に関する ASEAN 連結性の概要（MPAC2010，AEC2025 ブループリント）

	「物理的連結性」 (physical connectivity)	「制度的連結性」 (institutional connectivity)
対象事項	陸上・海上・航空輸送 内陸水運，島嶼間リンク インターモーダル輸送	交通・運輸円滑化 物品貿易の自由化 国境手続き円滑化
主な具体例	ASEAN ハイウェイネットワーク（AHN） の完成 シンガポール＝昆明間鉄道（SKRL）の 完成 内陸水運網の整備 海路交通の整備	単一航空市場（ASAM）の構築 単一海運市場（ASSM）の構築 交通運輸円滑化協定類（AFAFGIT， AFAFIST，AFAMT）の実効化 陸路越境旅客交通協定（CBTP）の実施 税関手続きの簡素化 国境手続きに関する協力 サブリージョナルな地域協力との連携強 化

出所：Master Plan on ASEAN Connectivity, ASEAN Economic Community Blueprint 2025 より
　　筆者作成。

　2015 年末の AEC 形成後，続いて 10 年後の AEC を見据えて公表された
AEC2025 ブループリントでは，柱のひとつとして「高度化した連結性と分野
別協力」を新たに加え，AEC2015 よりさらに一歩進んだ表現を用いている。
AEC ブループリント 2025 の後に発出されたクアラルンプール ASEAN 交通
戦略計画（KLTSP）は，2010 年のブルネイ行動計画（BAP）を引き継ぐ工程
計画であるが，それまでの交通 4 分野すなわち陸上輸送，航空，海上輸送，交
通円滑化に「持続可能な交通」を加えて 5 分野としている。KLTSP より遅れ
て 2016 年 9 月に出されたマスタープランの MPAC2025 では，新たに 5 つの
戦略的分野を提示している。

　MPAC2025 の 5 つの戦略的分野のうち，第 1 は「持続可能なインフラ」で
あり，上記にも示したように特に物的な整備については PPP（官民連携）や
インフラ・ファイナンスの効率性や環境配慮などが求められている。第 2 は
「デジタル・イノベーション」で，中小企業のデータ・ネットワークなどの整

備を想定している。第3は「シームレスなロジスティクス」で，取引のルートやロジスティクスを検証して改善することでコスト削減などにつなげるとしている。第4は「規制の優越（regulatory excellence）」であり，以前から問題となっていた円滑化の阻害要因である各種の非関税措置の除去などを法的に実施することを想定している。第5は「人の移動」であり，（域外外国人を含む）旅行者の域内移動の簡素化，あるいは熟練労働者・留学生の増加などを目指したものである。また MPAC2010 において 125 あったイニシアティブのうち，52 が完了しておらず，MPAC2025 に引き次がれることが明記されている。ASEAN 域内の交通円滑化に関する事項が陸上交通のテーマの中でも注目されている。MPAC2025 の戦略分野のひとつに「シームレスなロジスティクス」があげられている背景には，従来のハードの阻害要因の多くが排除された中で，交通円滑化のための分野別諸協定の発効と効率的な実施が大きく遅れていることがある。

⑶　ASEAN 交通円滑化協定と GMS 越境交通協定

　ASEAN における交通・運輸の改善のうち，越境円滑化のためのソフトインフラがハードインフラに比べて相対的に遅れていることは，以前から指摘されていた。域内交通に関する協定類の整備は形式的には進んできた。最も問題となる陸上交通の例では，越境の際の国境における通関，トランジット手続きなどや貨物の積み替えの必要などへの対応について，「通過貨物円滑化に関する枠組み協定（ASEAN Framework Agreement on the Facilitation of Goods in Transit：AFAFGIT）」が 20 年前の 1998 年に署名され，2000 年には全加盟国で批准され発効している。これに類似した協定として GMS（大メコン圏）の越境交通協定（CBTA）は，サブリージョナルな枠組みにおいて 1999 年にタイ・ラオス・ベトナム3カ国で結ばれた越境交通協定がベースとなり，その後 GMS 参加6カ国すべての多国間合意に拡大された。2007 年に署名されたこの CBTA は，欧州の交通協定をベースとした膨大な協定書となっている。GMS 域内においては，ASEAN 交通協定類と合わせて，同様の目的のための2つの越境交通に関する協定が併存していることになる。

　ASEAN の交通円滑化のための協定類は，基本的に「ASEAN マイナス X」

方式を採用している。CBTAのための国境措置の詳細については，国境ごとに2国間（あるいは3カ国）の覚書（MoU）を結ぶ必要があり，現時点では特定の国境についてのみMoUが結ばれている。そこではCBTA実現における課題のひとつである越境手続きの簡素化のため，出国時・入国時と2回必要であった手続きを2カ国が共同で検査を行うことで入国側での1回の手続き，すなわちシングルストップで通過すること，さらに出入国・税関・検疫（CIQ）の手続きを複数の窓口からひとつの窓口に集約するシングルウィンドウ化（図7-1），相互の貨物，乗用車の乗り入れ台数などについて定めることになっている。

図7-1　シングルストップ，シングルウィンドウの最終イメージ[4]

2カ国の検査官が出国側で共同でCIQおよび検査をCCA（共同検査場）でおこなう方式

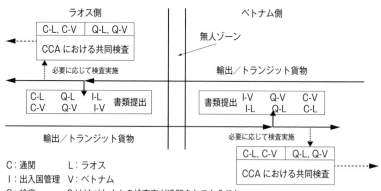

C：通関　　　L：ラオス
I：出入国管理　V：ベトナム
Q：検疫　　　C-Vはベトナムの検査官が通関をおこなうこと

出所：UNESCAP資料より筆者作成。

GMS越境交通協定（CBTA）は膨大な協定書であるが故に，各国ともCBTAに合わせた国内法整備や運用組織づくり，さらに法規定の徹底までにはさらに時間的な猶予が必要であるとされてきた。しかし，CBTAに限らず越境のための国境措置は既得権益などの様々な問題を抱えている。国境のシングルストップ化は，国境勤務の公務員が他国において業務をおこなうことなどに問題があると言われてきた。その中で例外的にムクダハン（タイ）＝サワナケット（ラオス），デンサワン（ラオス）＝ラオバオ（ベトナム）国境において，ワンストップ通関・検疫が実施に移されている。その他のGMS域内での

国境では，第 1 級越境地点が 40 カ所，第 2 級越境地点が 36 カ所あるとされているが，このうち主要な越境地点である CBTA 実施国境として協定に記載されているのは 15 地点である。またトランジット貨物に対しては，車両相互乗り入れのライセンスの発給を増やす方向で実施されてきたが，実際にはコストの問題などからそれほど増えず，加えて現場ではライセンスに関するトラブルが起きることもあるとされており，国境における「抵抗」はまだまだ強いと考えるべきであろう。

　ASEAN の枠組みでは AFAFGIT に続いて，2009 年に「国際輸送円滑化に関する枠組み協定（ASEAN Framework Agreement on Facilitation of Inter-State Transport：AFAFIST)」が署名された。登録された運送事業者に，国家間運送を行うことを認める，すなわち自国での運送を受け入れることを義務付けるものである。AFAFIST は AFAFGIT と付属文書を共有している協定であり，国境で貨物の積み替えが必要とされなくなることから，複数国にまたがるトランジット輸送を緩和することが期待されている。

　また ASEAN の交通協定類では，MPAC においても戦略のひとつとされているマルチモード輸送システムがある。異なった輸送モードである道路，鉄道，海運などを組み合わせることから，インターモーダル輸送，複合一貫輸送とも呼ばれる。交通協定としては 2005 年に署名された「マルチモード輸送に関する枠組み協定（ASEAN Framework Agreement on Multimodal Transport：AFAMT)」がある。AFAMT の締結国は国際マルチモード輸送に関する国内法を整備することが求められるが，全ての国において準備ができているわけではない。マルチモード輸送においては，インランド・コンテナ・デポ（ICD）に集められるコンテナを輸送する方法の組み合わせがポイントになり，東西回廊を利用しタイ－ラオス－ベトナムを横断するマルチモード輸送を効率よくおこなう構想もある。またメコン川利用の内陸水運では，カンボジア内陸にできた大型コンテナ・ターミナルを利用することで，大量の運搬物を安価にベトナム沿岸部の港湾群に運び，さらに海運で輸出するような効率的，環境配慮型輸送モードの組み合わせを目指すことが視野に入ってきている。

　ASEAN 交通円滑化協定類（AFAFGIT/AFAFIST および AFAMT）の最終化へ向けた作業の他，現在進めている ASEAN 陸路越境旅客交通枠組み協定

（ASEAN Framework Agreement on Cross-Border Transport of Passengers by Road Vehicles：CBTP）や，運転免許の相互認証協定（Agreement on the Recognition of Domestic Driving Licenses）の推進といった取り組みは，前述の上位の ASEAN 交通円滑化協定類を支援することになる。

2. ASEAN 交通インフラ整備とベトナムにおける産業立地

(1) ASEAN 域内における交通インフラ整備状況

ASEAN 全体の交通インフラのハード整備に関しては，越境交通円滑化への取り組み同様，重層的な地域開発の枠組みに沿って整備がおこなわれている。前述のように AEC ブループリントと交通整備計画の下で進められている長期計画がある一方，1990 年代からのサブリージョン（準地域）単位での複数の

表7-3　ASEAN における主な交通プロジェクト

	短期	中期	長期
高速鉄道	マレーシアーシンガポール高速鉄道（350km） タイ・高速鉄道（4路線1400km）		ベトナム・高速鉄道（1600km）
都市鉄道	インドネシア・ジャカルタ都市鉄道 ベトナム・ホーチミン都市鉄道1号線	ベトナム・ハノイ都市鉄道1号線・2号線 ミャンマー・ヤンゴン都市鉄道近代化	
高速道路 幹線道路	ベトナム・ファッパン―カウゼー高速道路	インドネシア・チマラヤ新港アクセス道路	インドネシア・高速道路（3100km） ベトナム・高速道路（5900km） ミャンマー・幹線道路
バス事業 物流事業	ASEAN・コールドチェーン対応物流施設 インドネシア・首都圏物流施設	ASEAN・都市バス，高速バス ラオス―タイ国境・ドライポート	ASEAN・鉄道／空港フィーダーバス
船舶 海洋開発		インドネシア・内航海運	タイ・内航タンカー ミャンマー・内陸水運船舶
港湾 ターミナル	インドネシア・タンジュンプリオク港 ベトナム・ラックフェン港（ハノイ） ベトナム・カイメップ・チーバイ港（ホーチミン） ミャンマー・ティラワ港		インドネシア・パティンバン新港
空港 ターミナル	ミャンマー・マンダレー国際空港 インドネシア・ジャカルタ首都圏空港	ベトナム・ロンタイン空港（ホーチミン）	

出所：JICA，国土交通省などより筆者作成。

地域開発が並行して実施されており，むしろ後者が先行し現在のインフラ整備の基礎となったという経緯がある。代表的なのは ADB（アジア開発銀行）に主導された GMS（拡大メコン経済圏）プログラムであり，そのインフラ投資はメコン地域における越境交通網，いわゆる経済回廊整備に集中的に投下された。これによる陸の ASEAN における越境道路（およびメコン架橋）は，ミャンマー区間を除いたハード建設としてはかなりの部分が完成に至っている。こうした連結性強化に繋がる越境交通インフラが整備されてきた一方，ASEAN 各国の経済発展と都市化にともない都市交通整備が緊急課題となりつつある。また海の ASEAN である島嶼部では，国際ハブ港整備とともに短距離輸送を担う RoRo 船ネットワークを構築するための小規模港湾整備の重要性が高まっている（表7-3参照）。鉄道は，ASEAN のフラッグシップ事業である SKRL（シンガポール－昆明鉄道）の整備計画が長期間停滞しているのに対して，個別の高速鉄道導入計画（建設の始まった中国によるラオス－昆明路線など）とそれを支援する中国や日本の思惑が交差し，プロジェクトの完成や運用は極めて流動的になっている。

⑵　ハノイ周辺における交通インフラ整備

　ハノイはベトナムの首都であることもあり，各種インフラ整備が優先的に進められている。ここではハノイ首都圏の公共交通を中心とした都市交通，周辺都市との接続，港湾整備，貿易円滑化を目的としたシステム開発などについて触れてみたい。まずハノイにおける都市交通整備は，発展途上国であるベトナムの経済発展と都市集中化の早い段階で着手されている。ASEAN の他の国においては，2000年前後のタイ・バンコクのように，市内で激しい交通渋滞が発生した時期にインフラ整備が間に合わず大きな混乱が生じた例もあり，その教訓が生かされている。また交通インフラについての大半のプロジェクトでは，円借款を始めとした外国援助を「活用」している点も特徴的である。

　ハノイでは高架式を中心とした市内鉄道の計画が，①都市鉄道1号線（円借款）第1期が2020年完成予定，BOT 方式，②都市鉄道2号線（円借款）が建設中，BOT 方式，③都市鉄道2A号線（中国 ODA）が建設中，BOT 方式，④都市鉄道3号線（仏 ODA，ADB 融資等）が建設中，BOT 方式，加え

て4号線～8号線は計画中，となっており，その路線の多さに驚く。また道路整備については，大都市20～50Km圏の渋滞回避に有効な環状線道路整備がひとつのポイントでもあり，①環状2号線（円借款，世銀融資）（ノイバイ空港から市内へのNhat Tan橋含む）が供用中，②環状3号線（円借款）（含むThang Long橋など）が2018年全線完成予定，③環状4号線は計画中，となっており，日本の例からも整備の遅れることが多い環状線がハノイ圏では早期に整備されつつある。

　ハノイから東に約100kmの距離にはハイフォン市があり，河川港を中心とした港湾があることから，ハノイ圏の主要な積み出し港となっている。そのためロジスティクスの面からもハイフォンの近くには企業立地が増えており，ハノイ，ハイフォンの一体化が産業ベルトのように進んでいる。交通インフラの面からは，この両都市を結ぶ道路である従来の国道5号線が渋滞することから，バイパスとして新たにハノイ－ハイフォン高速道路が建設された。2015年12月に完成し，6車線仕様のBOT方式で運営されている高規格の高速道路である。但し，この高速道路の利用が少ないという問題がある。現行の通行料金は一般車16万ドン（約800円），40ft搭載トラック84万ドン（約4200円）であるが，特にコストに敏感な商用の貨物トラックは筆者も数回走行したが1回も見たことはなく，現地のロジスティクス企業も運送に使用することはないとの話であった[5]。道路など交通インフラの建設，運営にPPPを活用することが増えているが，収益性を勘案した通行料が現地の実態に合わず利用が増えないことは大きな課題である。

　ハイフォン周辺の港湾整備であるが，ラックフェン港は沖合を埋め立て円借款で建設されている大型港で，水深は14mクラス，2018年の完成予定である。従来の河川港であるハイフォン港，ディンブー港は，水深7－8mクラスであるが拡張中である。またハロン湾にあるカイラン港は，やや小規模で水深10mクラスであるがこれも拡張中となっている。

⑶　ベトナムの交通円滑化推進とVNACCS

　ベトナムにおける交通・運輸にかかわるソフトインフラとして，特に貿易円滑化に貢献するベトナム電子税関申告システム（VNACCS）が2014年4

月から稼働している。これは日本で使われている NACCS（輸出入・港湾関連情報処理システム）をベースにベトナム版として開発されたもので，日本の無償 ODA 案件で供与され，ベトナムにとっては NSW（ナショナル・シングルウィンドウ）に相当するものになる。可能な業務は，①輸出入通関関連（46），②入出港関係（29），③マニフェスト関連（32），④保税運送（12），⑤共通業務関連（13），⑥他省庁手続き関連（17）（括弧内はコード数）である。VNACCS の導入による貿易実務の主な改善点としては，①輸入申告から許可までの処理時間短縮，②輸入許可書の提示が不要でペーパーレス，③ HS コード入力だけでインボイス作成が可能，④他省庁における申請手続きの完了が確認可能，などの点があげられる。製造業，物流業を中心とした日系企業のヒアリングでは，システムの稼働から 3 年以上を経て，通関手続きの時間短縮効果が大きいことを中心に，高く評価されている。

表 7-4　ASEAN 各国の貿易手続きに関わる所要時間・コスト

Doing Business 2017	190カ国中		貿易手続き：Trading across borders							
	ビジネス環境ランキング	貿易手続きランキング	輸出書類所要時間 (hours)	輸出国境所要時間 (hours)	輸出書類所要費用 (USドル)	輸出国境所要費用 (USドル)	輸入書類所要時間 (hours)	輸入国境所要時間 (hours)	輸入書類所要費用 (USドル)	輸入国境所要費用 (USドル)
Singapore	2	41	2	12	37	335	3	35	40	220
Thailand	46	56	11	51	97	223	4	50	43	233
Malaysia	23	60	10	48	45	321	10	72	60	321
Vietnam	82	93	50	58	139	309	76	62	183	392
Philippines	99	95	72	42	53	456	96	72	50	580
Canbodia	131	102	132	48	100	375	132	8	120	240
Indonesia	91	108	61	53	139	254	133	99	164	383
Lao PDR	139	120	216	12	235	73	216	14	115	153
Brunei Darussalam	72	142	163	117	90	340	140	48	50	395
Myanmar	170	159	144	144	140	432	48	232	210	457

出所：World Bank (2016), *Doing Business 2017.*

　表 7-4 に示したように，世界銀行から公表され各国のビジネス環境を評価している Doing Business 2017 によれば，ベトナムの貿易手続き（Trading across borders）に関するランキングは ASEAN10 カ国の中で ASEAN6 のフィリピン，インドネシアおよびブルネイを上回って 4 番目に位置している。ベトナムにおける輸出入に関わる所要費用には大きな優位性は見られないが，書類や国境における所要時間についてはシンガポール，タイ，マレーシアに次

いでいる。これは特にソフトインフラの影響が大きいものであることから，VNACCSの導入による効果が現れているものと考えられる。実際，Doing Business 2013の時点では，ベトナムの貿易手続きに関するASEAN加盟国における順位は6番目で，VNACCSが導入された2014年以降に順位を上げている。利害関係の調整に手間取りNSWの構築が遅れている他のASEAN先行加盟国とは対照的に，ベトナムは，VNACCSのような日本からの援助による電子システムをパッケージで取り込むことにより，「後発性の利益」を享受している。

⑷ ハノイ周辺の工業団地とエレクトロニクス企業進出

　ハノイ市周辺の工業団地では，この地域のエレクトロニクス産業で先鞭を付けたキヤノンやパナソニックが2000年代初頭に進出し，ノイバイ空港に14kmと近いタンロン（Thang Long）工業団地（住友商事が出資）が，日系としては良く知られている。この他にエレクトロニクス企業が立地する工業団地としては，サムスン電子が最初に進出したベトナム系のイエンフォン（Yen Phong）工業団地（市内から35km），ほぼ同時期に台湾のEMS大手のFoxconn（鴻海・ホンハイ）が立地したクエボ1（Que Vo 1）工業団地（市内から35km），サムスン・グループ各社が追加で立地したイエンビン（Yen Binh）工業団地（市内から60km，空港から北に16km），キヤノンの分工場が立地したティエンソン（Tien Son）工業団地（市内から35km）などがある。加えて，立地の少ないハノイ市の西側に位置するベトナム政府系のホアラックハイテクパーク（Hoa Lac Hi-Tech Park）（市内から30km）があげられるが，現時点ではベトナム資本のソフトウェア大手FPT社などが進出している（図7-2）。

　これらの工業団地は市内から20〜30km圏で，主に東と北方向への放射状道路および環状2，3号線の道路の整備によって，市内からの利便性が高まっている。特に空路をサプライチェーンの主要な輸送手段としている企業にとっては，ノイバイ空港への近接は大きなメリットである。一方，ハイフォン市とのアクセスが5号線改修と新高速道路完成で改善されつつあることから，海路でハイフォン港を利用する企業の進出が今後さらに増えることが予想される。

図7-3はハノイ市，ハイフォン市への企業進出，外国投資の状況である。ハノイ－ハイフォン間には，フンイエン省，ハイズオン省があるが，ハノイ市，ハイフォン市への企業進出が多くなっている。両市ともに企業進出，外国投資が伸びていることがわかるが，ハイフォンへの投資はハノイに比べて1件あたりの投資額がかなり大きいことが特徴になっている。

　図7-4はハイフォン方面の工業団地を示したものである。日系が開発したものとしては1994年野村證券が投資した野村ハイフォン（Nomura Hai Phong）工業団地が以前から知られており，多くの日系企業が入居している。従来ハイフォン方面で工業立地の多いのは国道5号線沿いの地域である。ベトナム系のフックディエン（Phuc Dien）工業団地にはキャノン同様，プリン

図7-2　ハノイ周辺の主な工業団地と電機電子進出企業

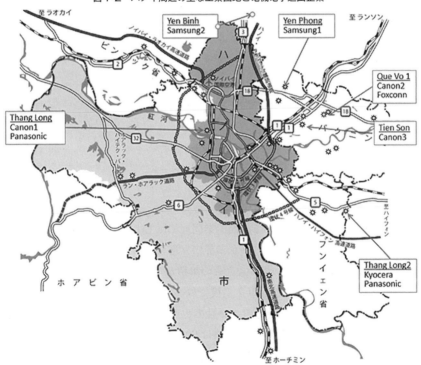

出所：石田正美・梅﨑創編著（2020）『地図とデータで読み解くメコン物流事情』文眞堂，に筆者加筆。

図7-3　ハノイ，ハイフォンへの企業進出，外国投資の状況

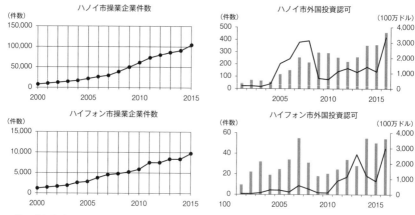

注：外国投資認可に関するグラフは，折れ線グラフが金額，棒グラフが件数を示す。
出所：アジア経済研究所 石田正美氏作成。
原資料：Global Statistics Office.

ター生産をおこなっているブラザー工業が立地しており，隣接するようなダイ
アン（Dai An）工業団地には Sumidenso（住友電装）が立地しているなど，
この沿線には日系，非日系の企業が数多く操業している。最近の大型工業団地
は5号線から離れている場合も多く，ハイフォン市北部に位置する VSIP ハイ
フォン（VSIP Hai Phong）工業団地（ベトナム・シンガポール合弁，三菱商
事も出資）には Fuji Xerox，京セラといった日系プリンターメーカーが入っ
ている。加えて近年エレクトロニクス分野で影響の大きい韓国勢の中では，
LG電子が10号線（5号線の南）沿いにあるチャンズ（Trang Due）工業団地
に非常に大きな投資をしている。同工業団地には LG電子，LGディスプレイ，
韓国系のサプライヤーと思われる企業群が立地しており，筆者も視察したが，
さながら韓国系エレクトロニクス企業の集積が形成されつつある。LG電子は
サムスン電子の約4分の1の事業規模ではあるが，家電製品，スマートフォ
ン，液晶有機 EL パネル関連分野の単独の生産拠点としては東南アジア最大級
の規模であろう。この工場の本格稼働は2018年以降であろうが，韓国エレク
トロニクス企業のベトナム集中投資を実感させられる。
　また空路については，小規模ではあるがハイフォン市南に位置するカットビ

図7-4 ハイフォン近郊の主な工業団地と電機電子進出企業

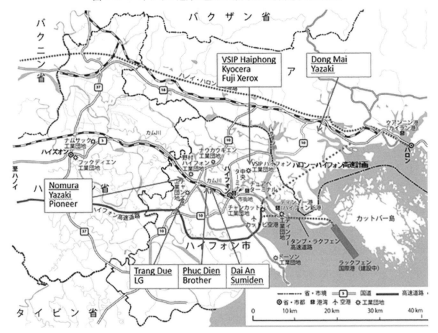

出所：アジア経済研究所 石田正美氏作成地図に筆者加筆。

空港が2015年から稼働しており，国内線が主体ながら，国際線としても韓国の仁川空港との路線が運行している。ハイフォン方面進出企業でノイバイ空港からの空輸を利用している企業は，将来カットビ空港の利用が増え利便性が高まる可能性がある。

3. 米中貿易戦争とベトナム投資拡大・迂回輸出

米トランプ政権がTPP（環太平洋経済連携協定）を離脱し，二国間主義に舵を取った延長線上に米国の対中強硬策が貿易政策を中心に打ち出され，「米中貿易戦争」と言われる段階にまで達した。ここに至る経緯には，4000億ドルを超える米国の対中貿易赤字の存在，中国の世界覇権構想と取られかねない

2015年における「中国製造2025」の発表，ペンス演説（2018年10月）に代表される，米議会与野党一致した中国警戒・批判のセンチメント，などがあるが，ここでは詳しく触れない。2018年7月に半導体など340億ドル分の米国による中国製品への25％追加輸入関税（第1弾）と中国による報復的な関税措置が繰り返され，2019年9月発動の第4弾まで約7800品目，合計3700億ドル相当が実施されている状況である。

　このような状況下では貿易転換効果が働き，中国の対米輸出が関税率の低い第三国の輸出によって代替される。米中双方の関税引き上げや貿易制限によるGDPのマイナスの影響は中国に対して厳しいものになると予想され，すでに中国における製造業の景況に大きな影響が出ているとの報道がある。一方，ジェトロ（2020）によれば，2019年のベトナムの月別の対米輸出額が最高で40％程度となり大きく伸びている。こうした動きは中国企業のベトナムへの生産シフトと迂回輸出の疑いがあるとして，米国はベトナムを「為替監視対象国」とする検討をするなど警戒を強めている[6]。実際2019年7月に米商務省は，韓国や台湾で生産した鋼材をベトナムで最終加工し，同国から米国に輸出した一部の鉄鋼製品に対し，最大456％の関税を課す決定をしている。今後の情勢は米中による貿易協議によって左右される事項でもあり流動的であるが，中国における生産が工程間分業によって近年ASEAN特にベトナムなどに目立って移転していることは不自然ではない。東アジアにおける生産ネットワークの構造的な変化が起こりつつあることは間違いないだろう。

おわりに

　ASEAN地域経済統合の進展にともない，AECに示された交通インフラ整備の方向と，それをひとつのテコとしたアジア新興国に立地する企業が躍進する状況を，ベトナム北部を事例に概観した。AEC2015は「単一市場と生産基地」および「競争力のある経済地域」の2つの柱に密接に関連する交通・運輸分野の改善を目指してきたが，越境道路インフラの整備などによって生産ネットワーク，バリューチェーンに寄与する「連結性」には大きな進展があった。

ASEAN 域内の輸送改善が改善されるにつれ，産業の越境フラグメンテーションによる工程間分業が進み，ASEAN 統合の目的のひとつでもある先行国とCLM3 カ国との格差是正への寄与が一定の成果として見られるようになっている。しかしながら陸路に限れば，長距離の道路輸送は，越境がともなうケースでは，現時点においては構想に比較して限定的であるのは事実である。むしろ産業集積内における短距離高頻度輸送によってサプライチェーン構築を飛躍的に向上させたことにより，都市化と産業集積形成の進行を促進した側面の方が強い。こうした現実を踏まえた上で，今後の ASEAN 域内におけるモーダルシフトの動きや，インフラ投資に関わる各国の財政負担の問題などに向き合わねばならない。

　表7-5 では距離別に異なる交通インフラ整備の具体的な優先課題を示している。ASEAN ではメガ都市とも言える 1000 万人級都市の出現によって，市内中央部における大量輸送公共機関の整備が優先の緊急課題となり，さらにはベットタウンへの接続，郊外工業地域との利便性向上，そして 100km 程度の圏内の中都市が単一の産業集積や産業ベルトに一体化する事例が増え，その傾向が加速化している。

　ベトナム・ハノイ近郊では，アジア新興国特に韓国のエレクトロニクス企業がこうした交通インフラの改善を見据えた立地を積極的におこなっている。ASEAN では，タイ・バンコク圏における交通インフラ整備が経済発展に比較して遅れをとったという経験があり，現在では産業集積の密度が高くなること

表 7-5　ASEAN にみる大都市化にともなう距離別交通インフラ整備の優先課題

	～20km 圏内 （都市内交通）	～50km 圏内 （近郊接続）	～100km 圏内 （郊外都市接続）	～500km （都市間・越境）
現時点で優先課題とすべき主な整備対象	交差点改良，地下鉄，高架鉄道，ライトレール，バスレーン，内環状線，都市高速	道路拡幅，高品質舗装化，外環状線，都市交通延伸	高規格道路，バイパス道路，車両重量規制，港湾設備，港湾進入路，中速鉄道	道路メンテ，重量規制，港湾設備，港湾進入路，国境措置の国内法制化，高速鉄道
主な目的	市内混雑緩和	都市機能広域化	産業集積広域化	越境サプライチェーン

出所：筆者作成。

による副作用が顕在化している。逆にベトナム・ハノイ圏では，海外援助など
を活用した都市圏交通インフラ整備が先行することにより，外国投資誘致が比
較的円滑に進んでいる。

　また米中貿易戦争の拡大にともない，中国企業のベトナムへの製造業投資と
これが対米「迂回輸出」ではないかとの米側による解釈が注目されている。し
かしながら，中国とASEAN各国との工程間分業の進展はある意味必然的で
ある。ベトナムについては中国との地政学的な関係に加えて，ASEANの他の
国以上に緊密な中国－ベトナム間の陸路交通インフラ整備の進展があり，特に
中国華南地域の産業集積と交通網を利用した越境サプライチェーンが，例外的
と言って良いくらいに整備されたことがこの動きを大きなものにしている。

注

1）ADB（2009）「INFRASTRUCTURE for a SEAMLESS ASIA」では，対象30カ国，期間は
2010-2020年で予測している。
2）ADB（2017）。
3）World Bank Private Participation Infrastructure Databaseから。インドと中国を比較すると，
特に近年のPPP投資額は圧倒的にインドが大きくなっている。
4）シングルストップ，シングルウィンドウが実現するためには，数段階の暫定的な形態を経る必
要がある。図の例は，ベトナム－ラオスの国境において越境先側国でCIQをラオス，ベトナムの
係官が共同で検査をおこない，必要があれば共同検査場（CCA）で双方の国の係官が物理的なCQ
のチェックをおこなうというもので，ほぼ最終的な段階の通関形態と言える。
5）2017年8月調査時。
6）Bloomberg（2019），"U.S. Will Refrain From Labeling Vietnam a Currency Manipulator," May
25, 2019.

参考文献

旭リサーチセンター（2017）「製造業にとってのベトナム投資の魅力と課題」（https://www.asahi-
kasei.co.jp/arc/service/pdf/1012.pdf）。
アジア開発銀行（ADB）（2017）『アジアのインフラ需要への対応』Asian Development Bank。
石川幸一・清水一史・助川成也（2016）『ASEAN経済共同体の創設と日本』文眞堂。
春日尚雄（2014）『ASEANシフトが進む日系企業—統合一体化するメコン地域』文眞堂。
木村福成・大久保敏弘・安藤光代・松浦寿幸・早川和伸（2016）『東アジア生産ネットワークと経済
統合』慶應義塾大学出版会。
朽木昭文（2007）『アジア産業クラスター論—フローチャート・アプローチの可能性』書籍工房早山。
ジェトロ（2016）「「産業立地はどう変わるか」電気・電子産業編」ジェトロ。
ジェトロ（2020）「米中貿易摩擦でベトナムに恩恵も，現下の経済状況に懸念の余地」『JETRO海外
ビジネス情報』3月30日付。
富士キメラ総研『ワールドエレクロニクス市場総調査』各年版，富士キメラ総研。
富士経済『グローバル家電市場総調査』各年版，富士経済。

日本総研（2017）「韓国企業・経済にとって重要性が増すベトナム」韓国経済の今後を展望するシ
　　リーズ 12，日本総研（https://www.jri.co.jp/MediaLibrary/file/report/researchfocus/pdf/
　　10132.pdf）。

ASEAN Secretariat (2010a), *Brunei Action Plan 2011–2015: ASEAN Strategic Transport Plan*,
　　Jakarta: ASEAN Secretariat.

ASEAN Secretariat (2010b), *Master Plan on ASEAN Connectivity*, Jakarta: ASEAN Secretariat.

ASEAN Secretariat (2015a), *ASEAN2025: Forging ahead Together*, Jakarta: ASEAN Secretariat.

ASEAN Secretariat (2015b), *Kuala Lumpur Transport Strategic Plan (ASEAN Transport Strategic
　　Plan 2016–2025)*, Jakarta: ASEAN Secretariat.

ASEAN Secretariat (2016), *Master Plan on ASEAN Connectivity 2025*, Jakarta: ASEAN
　　Secretariat.

Baldwin, Richard (2014), "Multilateralising 21st Century Regionalism," Paris: OECD Conference
　　Centre.

UNCTAD. (2019), "Trade Wars: The Pain and the Gain," UNCTAD (https://unctad.org/en/
　　pages/PressRelease.aspx?OriginalVersionID=500).

World Bank (2016), *Doing Business 2017*, World Bank Group.

（春日　尚雄）

第8章
大改革進むベトナムの経済統合戦略：
EU との FTA 発効を目指して

はじめに

　ドイモイ政策以降，海外資本の誘致と輸出拡大を目指すベトナムは，積極的に国際経済統合を推進している。ベトナムにとって，欧州連合（EU）は第2番目の輸出市場でもあり，第5番目の投資受け入れ元でもある。そのため，ベトナムは EU との自由貿易協定（FTA）の締結に向けて努力している。一方，EU は東南アジア諸国連合（ASEAN）との自由貿易協定を目指し，その先駆けとしてベトナムとの協定を締結する戦略をとっている。同協定の交渉が終了してから4年が経過し，双方は FTA の早期批准・発効プロセスを加速させていた。本章では，ベトナムの国際経済統合の戦略，EU との FTA の概要および交渉過程を概観した上で，ベトナムの努力すべき改革について議論していきたい。

1．ベトナムの経済改革とその影響

⑴　1986年のドイモイ（刷新）改革

　ベトナムは長年にわたり大国との戦争を経験してきた。1858年にフランスがベトナムに来航し，当時の封建体制を崩壊させ，支配をし始めた。1954年のジュネーブ協定により，フランスはベトナムから撤退し，ベトナムは北ベトナム（共産主義国家のベトナム民主共和国）と南ベトナム（親米政権であるベ

トナム共和国の前身）に分離されることとなった。1975 年のサイゴン[1]陥落により，1976 年，ベトナムは北ベトナムにより統一され，ベトナム社会主義共和国として経済発展の歩みを始めた。当時，社会主義をめざし，共産党一党独裁による経済活動は中央集権的指揮の下で行われ，計画通りに資源配分が行われた。戦争で受けた被害が甚大であり，経済管理能力も未熟であったため，国民生活の困窮を招いた。そうした背景があって，1986 年にドイモイ政策が実施された。ドイモイ政策の主な柱は国営企業以外の民間企業，外資企業の経済活動を許可することと輸出の拡大，海外投資の誘致であった。

　ドイモイ政策の方針により，ベトナムは，国際経済統合（自国が他国と協力し，相互に関税を引き下げ，貿易を拡大し，経済を発展させるという一連の流れ）にも積極的に関与するようになった。具体的には，1995 年，東南アジア諸国連合（ASEAN）に第 7 番目の国として加盟し，1998 年にはアジア太平洋経済協力（APEC）への加盟が承認された。2001 年に米越通商協定を締結し，2007 年に世界貿易機関（WTO）への加盟を成功させ，世界規模で国際経済統合をより一層強化させている。WTO 加盟以降，ベトナムは 12 の自由貿易協定を締結してきた[2]。そして，近年注目を浴びている包括的かつ先進的環太平洋経済連携協定（CPTPP），東アジア包括的経済連携協定（RCEP）といったメガ自由貿易協定についても，交渉を行ってきた。さらに，統合度合の高い ASEAN 経済共同体（AEC）が 2015 年に誕生し，モノ・ヒト・カネの自由な移動がベトナム経済を大きく変化させると予想されている。加えて，EU との自由貿易協定（EVFTA）も，ベトナムの ASEAN における経済的地位を向上させるものと評価されている。

⑵　ドイモイ改革による影響

　ドイモイ政策の実施から 33 年（1986-2019 年）が経過した。その間，ベトナム経済は著しい成果を上げてきた。まず，経済成長の面を見てみよう。世界銀行の統計データによれば，1986 年以降，ベトナムの一人当たり実質国内総生産（GDP）は堅調に増加している（図 8-1）。1986 年に 385 米ドルであったのに対し，2018 年には約 5 倍の 1965 米ドルに達した。この成長により，同国は，2010 年には中所得国となり，国民の生活水準は徐々に改善されてきた。

図8-1 ベトナムの実質 GDP 成長率及び一人当たり実質 GDP の推移（2010年基準）

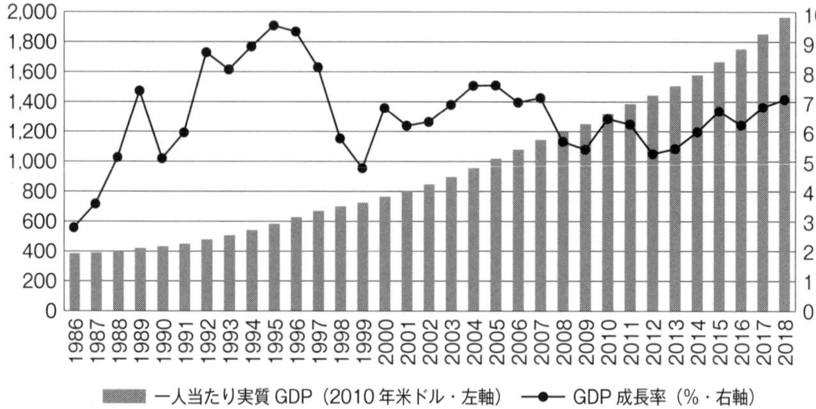

■ 一人当たり実質 GDP（2010年米ドル・左軸）　—●— GDP 成長率（%・右軸）

出所：ベトナム政府総統計局，世界銀行（WB）より作成。

また，経済成長率で見ると，ドイモイ後，ベトナム経済の発展は「1986年から1990年」，「1991年から1999年」「2000年から09年」，「2010年から19年」という4つの期間に分けられる。それぞれの期間の平均成長率が4.8%，7.7%，6.9%，6.3%で，後半はやや減速の傾向が見られる。しかし，12年に2000年以降で最低の5.25%を記録したが，16年以来再度加速し，18年に7.08%，19年には7.02%へと高い成長率を記録した。

　経済改革後の経済成長に，国際経済統合はいかに影響を与えるのだろうか。ここでは，国際経済統合のベトナム経済への影響について，輸出の拡大，海外からの直接投資のデータを紹介しながら議論してみたい。

　まず，輸出拡大の状況についてみる。1990年から，ベトナムの輸出は急速に増加している。実質 GDP に対する輸出の比率をみると，90年の13.4%から2000年に40.6%，10年に72.0%，18年に127.7%と著しく上昇してきた。また，ドル建て輸出額をみると，1995年から2019年までの24年間で，ベトナムの総輸出額は54億4890万米ドルから2558億3066万米ドルへと約47倍増加した。そのうち，米国への輸出額が約362倍増加したのは米越通商協定やWTOへの加盟の影響による。その他，日本，ASEAN諸国，中国，韓国への輸出も増加している（図8-2，左）。国際経済統合がベトナムの輸出を拡大させたが，輸出企業の内訳をみると，1995年と2017年とでは外資企業と国内

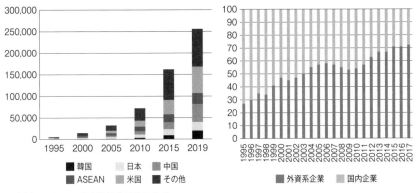

図 8-2　ベトナムの輸出状況（単位：100 万米ドル，%）

出所：ベトナム政府総統計局より作成。

企業の地位が逆転したことが明らかである（図 8-2，右）。1995 年には国内企
業の輸出割合が 73％であったが，2017 年には 28％にまで低下している。つま
り，輸出活動は外資企業への依存度が高く，国内企業が輸出拡大を担っている
わけではない。

　次に，ベトナムの海外からの直接投資受入動向（図 8-3）を見ていこう。同
国はドイモイ政策の方針により，1987 年に外国投資法を発効させ，海外から
の資本を誘致し始めた。2019 年末の時点で，累計投資案件数は 3 万 827 件で
あり，投資額は約 3626 億米ドルであった。海外からの投資により，多数の外
資企業の立地と国内の雇用創出が達成され，それらが GDP を成長させたひと
つの要因であると評価されている。しかし，海外からの投資分野は労働集約産
業（電子部品の組み立て，海外から輸入した原料の加工）がほとんどで国内生
産能力の向上に寄与していないこと，外資企業に依存しすぎることや環境破壊
がしばしば指摘されている。例えば，2016 年 4 月に発生した中部ベトナムの
沿岸の環境汚染は，経済を発展させるために海外からの資本誘致をひたすら優
先させる道を歩んできたベトナムの政策スタンスに対し，大きな警鐘を鳴らす
ものとなった（Cao 2016a）。

　このように，ドイモイ改革により，ベトナムは海外資本を誘致することで，
輸出を拡大させ，経済成長を実現する，いわゆる外資主導型の戦略をとってき
た。その成長モデルはこれまでの経済成長には貢献してきたが，技術やノウハ

図8-3　ベトナムの直接投資動向（1990 年〜 2019 年）

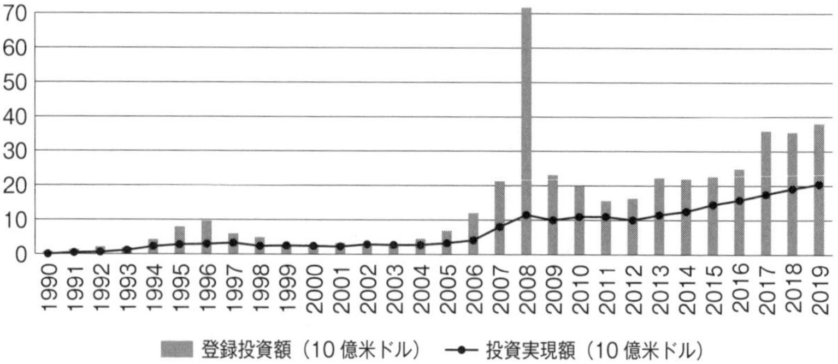

登録投資額（10 億米ドル）　投資実現額（10 億米ドル）

出所：ベトナム政府総統計局，投資計画省より作成。

ウの吸収は限定的だったと指摘されている。今後も同国は CPTPP，EVFTA などの協定を締結することで，引き続き外資主導型の戦略をとると思われる。そこで，海外資本の効率的な活用の重要性が高まっている。近年，投資を増加しつつある EU からの投資家が同国の産業の高度化に貢献することが期待されている。次の節で，ベトナムと EU との関係と EVFTA の内容について議論する。

2．欧州連合とベトナムとの関係

⑴　ベトナムと EU との外交関係

　ベトナムと EU は 1990 年に外交関係を樹立し，現在まで順調に友好な関係を維持してきた。それ以前の，ベトナムと現 EU 加盟国の一部との関係は 1950 年に旧共産社会主義であった諸国による経済援助によって始まった。ベトナム外務省によると，当時社会主義を目指していたベトナムと共産主義諸国に属する経済相互援助会議（SEV）に加盟していた 6 カ国が，1950 年にベトナムとの外交関係を樹立した（表8-1）。それらの国々は外交関係が樹立された時，ベトナム戦争[3]の時に，ベトナムに大きな支援を行った。科学技術育成においても，ベトナムは SEV 諸国から支援をうけた。具体的には，1960

表8-1　ベトナムとEU加盟国との外交樹立年

#	国名	外交関係の樹立年	#	国名	外交関係の樹立年
1	チェコ共和国	1950年2月	15	イギリスと北アイルランド	1973年4月
2	スロバキア	1950年2月	16	ルクセンブルク	1973年11月
3	ハンガリ	1950年2月	17	マルタ	1974年11月
4	ルーマニア	1950年2月	18	ギリシャ	1975年4月
5	ポーランド	1950年2月	19	ポルトガル	1975年7月
6	ブルガリア	1950年2月	20	ドイツ	1975年9月
7	スウェーデン	1969年1月	21	キプロス	1975年12月
8	デンマーク	1971年11月	22	スペイン	1977年5月
9	オーストリア	1972年12月	23	ラトビア	1992年2月
10	フィンランド	1973年1月	24	エストニア	1992年2月
11	ベルギー	1973年3月	25	リトアニア	1992年3月
12	イタリア	1973年3月	26	スロベニア	1994年6月
13	オランダ	1973年4月	27	クロアチア	1994年7月
14	フランス	1973年4月	28	アイルランド	1996年4月

出所：ベトナム外務省のホームページより作成。

　年代から，ベトナムは若手の知識層や労働者をSEVに属する中東欧諸国に送り，国民同士の交流を深めた。その結果，中東欧諸国で教育を受けた元留学生がベトナムの要人である政治家や有力なエリートとなっている[4]。さらに，それらの国に在住しているベトナム系移民も多く存在し[5]，ベトナムとの外交関係を維持している。

　1990年のEUとの外交関係の樹立は，1995年ASEAN加盟よりも先であったことが特徴的である（表8-2）。現在までに，全てのEU加盟国はベトナムと外交関係を樹立した。その中で，5カ国（スペイン（2009年），イギリス（2010年），ドイツ（2011年），イタリア（2013年），フランス（2013年））については戦略パートナー外交関係にまで発展し，1カ国（デンマーク（2013年））とは包括的パートナーシップを構築した[6]。

　EUとベトナムとの関係には，一方的な経済援助から双方向的な協力関係への移行という特徴もみられる。最初の協力関係は1995年に締結されたベトナム－EUの協力協定の枠組み（FCA）であった。FCAは双方の貿易・投資の促進と共に，被援助国ベトナムの持続的な発展，市場経済実現，環境保護・天然自然の管理などについての，援助国としてのEUによる協力の枠組みを定めていた。また，FCAにより，通商，開発協力，体制建設・行政改正・人権管

表8-2 ベトナムと EU との協力関係

```
           1990 年
         外交関係が樹立

           1995 年
   協力協定の枠組み（FCA）を締結

           2007 年
   包括的な協力協定（PCA）の交渉を開始

           2012 年
  PCA を正式に締結   FTA の交渉を開始

           2015 年
       FTA の交渉が終了

           2019 年
   FTA の調印，発効に向ける準備

           2020 年
        FTA の発効
```

出所：各資料から作成。

理，科学・技術という4つの部会から構成された混合委員会も設立され，双方の関係を貿易から様々な分野にまで拡大した[7]。

　2007年に，FCA の代わりに，平等かつ双方にとって互恵的なパートナーシップ協力協定，いわゆる包括的な協力及び戦略フレーム協定（PCA）を交渉しはじめた。PCA はエネルギー，行政，人権，観光，文化，移民と腐敗防止等を対象としている。2012年に同協定の調印と共に自由貿易協定（EVFTA）の交渉が開始された。EVFTA はベトナムにとってもっともカバーされる範囲が広く，EU にとっても最初の途上国とのレベルの高い FTA となっている。EVFTA が批准されれば，双方の協力関係は単に貿易に留まらず，様々な分野までさらに緊密化されるものと期待される。なお，表8-2は双方の協力関係を概観したものである。

⑵　ベトナムと EU との貿易関係

　ベトナムと EU の貿易関係における第1の特徴は，ベトナムが EU に対する

図 8-4　ベトナムと EU との貿易状況

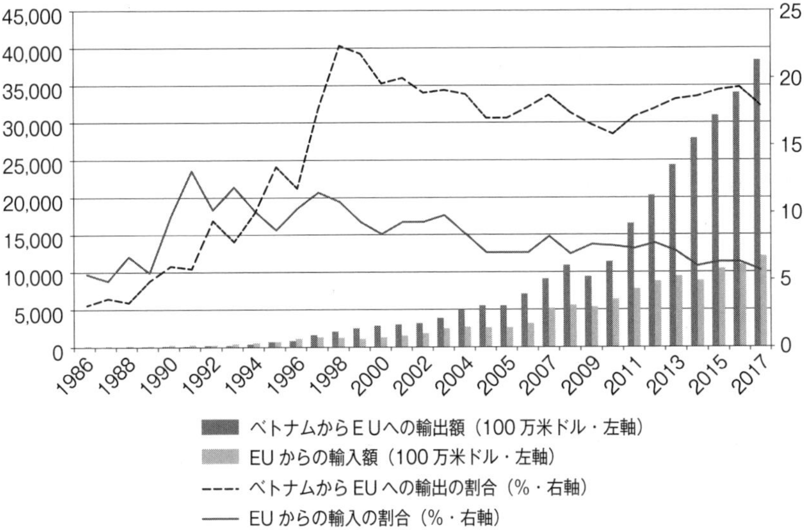

出所：ベトナム政府総統計局から作成。

輸出超過国ということである。1995 年以降ベトナムから EU への輸出額は輸入額を超え，2000 年には輸出額は輸入額の 2 倍，さらに，2015 年には約 3 倍まで増加した（図 8-4）。2017 年，ベトナムから EU への輸出額は 3828 万米ドルで，これはベトナムの輸出額全体の約 17.9％に相当する。他方，EU からのベトナムへの輸入額も順調に増加している。2017 年に，EU からベトナムへの輸入額は 1210 万米ドルで，ベトナムの輸入額全体に 5.7％を占めていた。その結果，ベトナムにとって EU は米国に次いで第 2 位の輸出先となり，第 4 位の貿易相手となっている。

　EU とベトナムの貿易関係の第 2 の特徴は，輸入品目と輸出品目が補完的な関係にあることである。すなわち，EU への輸出品目はベトナム産業の強みであり，EU からの輸入品目はほとんどベトナム国内で生産できないものである。輸入品目と輸出品目の構成（表 8-3）をみれば，2007 年には，ベトナムの主要輸出品目は労働集約型の産業品である靴製品と縫製，そして一次産品の自然資源から得られた海産物とコーヒーであった。しかし，2017 年には，それらの輸出商品（靴製品，縫製，コーヒー）の割合が減少し，電話とその部品が

第1位に置き替わった。EU市場への輸出商品の構成には変化が見られるわけだが，EUからの輸入品の構成は大きく変わっていない。2007年から2017年までの10年間に，機械と設備が主力輸入品となり，EUからの輸入品はベトナムの工業化に不可欠であると高く評価されている。その他に，ベトナム国内で生産できない医薬品，化学品や原材料も輸入されている。この貿易状況はベトナムの第一位の貿易相手国である中国と比べると対照的である。ベトナムから中国への輸出品目と中国からの輸入品目とは強い依存関係がみられる。例

表8-3　ベトナムとEUとの貿易状況・品目別

2007年の主力輸出品			2017年の主力輸出品		
品名	輸出額（単位：1,000米ドル）	輸出全体の割合（%）	品名	輸出額（単位：1,000米ドル）	輸出全体の割合（%）
靴製品	2,184,763	24.0	電話とその部品	11,778,032	30.7
縫製	1,498,950	16.5	靴製品	4,612,344	12.0
海産物	923,965	10.2	パソコンとその部品	4,097,563	10.7
コーヒー	878,884	9.7	縫製	3,733,381	9.7
木材製品	641,212	7.0	機械・設備	1,689,185	4.4
パソコンとその部品	414,807	4.6	海産物	1,422,053	3.7
バッグ，財布，スーツケース，帽子	248,477	2.7	コーヒー	1,365,389	3.6
その他	2,304,894	25.3	その他	9,639,026	25.1
EUへの輸出額	9,095,953	100.0	EUへの輸出額	38,336,974	100.0
2007年の主力輸入品			2017年の主力輸入品		
品名	輸入額（単位：1,000米ドル）	輸入全体の割合（%）	品名	輸入額（単位：1,000米ドル）	輸入全体の割合（%）
機械・設備	2,542,176	49.5	機械・設備	3,431,559	28.4
医薬品	298,563	5.8	医薬品	1,449,394	12.0
乳製品	176,068	3.4	化学製品	512,136	4.2
化学品	147,373	2.9	縫製・履物の原材料	312,625	2.6
縫製業の材料	127,727	2.5	自動車の部品	249,175	2.1
布	124,222	2.4	プラスチック材料	233,859	1.9
鉄	83,793	1.6	化学品	221,343	1.8
その他	1,639,175	31.9	その他	5,687,485	47.0
EUからの輸入額	5,139,097	100.0	EUからの輸入額	12,097,576	100.0

出所：ベトナム政府総統計局から作成。

えば，2017 年の中国への主力輸出品目は電話とその部品（20%），パソコンとその部品（19%），繊維糸（6%）等であるが，中国からの主力輸入品目は機械・設備（21%），電話とその部品（17%），パソコンとその部品（13%），布（12%）等である。つまり，中国に付加価値の低い品目を輸出し，中国から付加価値の高い品目を輸入している現状がよく見える。そこで，EU との貿易がさらに拡大されれば，ベトナムは中国への依存度を減らすことができると期待されている。

　なお，EU との貿易関係は一部の市場に集中している特徴も挙げられる。現在，ベトナムは EU の 27 カ国に輸出しているが，ドイツ，イギリス，フランス，イタリア，オランダ，スペインの 6 カ国への輸出額が全体の 90% 以上を占めている。他の国にも輸出を増やすことにより，さらなる輸出の拡大が期待できる。

⑶　ベトナムと EU との投資関係

　欧州諸国は 1987 年に外国投資法が発効されてすぐに，ベトナムに投資し始めた。2019 年末の時点において，EU 加盟の 28 カ国中，投資を実現したのは

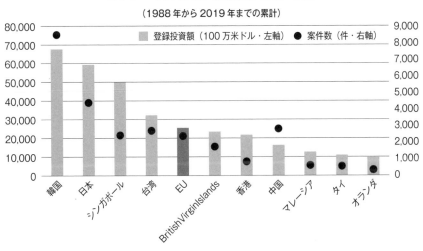

図 8-5　ベトナムにおける直接投資（上位 10 位）

（1988 年から 2019 年までの累計）

出所：ベトナム投資計画省（海外投資局）より作成。

26 カ国である。また，累計有効投資額をみれば，EU からのベトナムへの直接投資（FDI）は，254 億 8614 万米ドルに上っている。ベトナムが受ける直接投資額のうち EU によるものは，全体の約 7.03％を占め，第 5 位である（図 8-5）。投資案件数をみれば，EU からの有効投資案件数は 2374 件で，全体の 7.7％を占めている。しかし，単一の投資家（1 カ国）としては上位 10 位内にランクインしたのはオランダ（第 10 位）のみである（図 8-5）。さらに，投資国は集中しており，投資額の高い順からオランダ，イギリス，フランス，ルク

表 8-4　EU からベトナムへの直接投資（投資国別）

（2019 年末までの有効累計案件）

順番	国名	案件数	投資金額 （100 万米ドル）	EU 全体の割合
1	オランダ	344	10,051.16	39.4％
2	イギリス	380	3,717.00	14.6％
3	フランス	563	3,603.79	14.1％
4	ルクセンブルク	52	2,465.50	9.7％
5	ドイツ	350	2,054.23	8.1％
6	ベルギー	71	1,030.70	4.0％
7	キプロス	18	478.64	1.9％
8	デンマーク	139	430.25	1.7％
9	イタリア	110	402.81	1.6％
10	スウェーデン	78	376.65	1.5％
11	ポーランド	19	209.34	0.8％
12	オーストリア	34	147.22	0.6％
13	スロバキア	11	140.79	0.6％
14	スペイン	73	105.83	0.4％
15	チェコ共和国	38	90.70	0.4％
16	ハンガリ	19	66.94	0.3％
17	アイルランド	22	41.88	0.2％
18	ブルガリア	9	31.10	0.1％
19	フィンランド	24	23.30	0.1％
20	リトアニア	4	14.21	0.1％
21	スロベニア	3	2.27	0.0％
22	ルーマニア	2	1.200	0.0％
23	エストニア	3	0.260	0.0％
24	ラトビア	3	0.17	0.0％
25	ポルトガル	3	0.129	0.0％
26	ギリシャ	2	0.050	0.0％
	EU による投資の合計	2,374	25,486.14	100％
	ベトナムへの投資の全体	30,827	362,580.442	7.03％

出所：ベトナム投資計画省（海外投資局）より作成。

センブルク，ドイツである（表8-4）。それら5カ国の投資額はEUによる投資額全体の約86％を占めている。他の国と比較すると，EUからの投資額は小さいが，投資先をベトナムの63地方の中の54地方まで拡大し，イギリスのBP，プルデンシャル，ドイツのSiemens，Bosch，オランダのKPMGといった有名な大手企業がすでに進出している。

　投資分野を見ると，工業（投資案件が573で，投資額が約63億米ドル）が最も大きな割合を占めている。続いて，発電・配電（19案件・35.4億米ドル）が2番目，そして不動産（34案件・22.1億米ドル）が3番目の投資分野である。EUからの投資は労働者への保護，高い技術といった点で評価されている。さらに，将来EUからの投資家がハイテク分野やクリーンエネルギー分野の投資にも投資を拡大する計画があり，ベトナムにおいてその存在感が高まっている（CIEM 2017）。

　欧州企業協会の調査によると，EUはベトナムの投資環境について，約65％の企業が投資環境について楽観的に評価しており，約90％の企業がベトナムに追加投資を検討している。EVFTAが批准されれば，EUからの投資がさらに増加するものと見込まれる（Eurocham 2018）。

3．ベトナム・欧州連合自由貿易協定（EVFTA）の動向

⑴　EVFTA交渉への道のり

　EUがEVFTAを交渉する第一の動機は，ASEAN諸国との関係を強化することである。2006年10月，EUの貿易の拡大と新規市場開拓を目的とし，EUの新通商戦略「グローバル・ヨーロッパ―：国際競争への対応」により，新興市場の開拓を企図してFTA交渉を進めていくという戦略が発表された[8]。2005年時点で，EUにとってASEANは，第5番目に規模の大きい輸出先，また輸入元でもあり，アジアの中で主要な貿易相手であった。加えて，優先的にFTAを締結する対象国の基準に，市場潜在力（経済規模と成長性）とEUの輸出利益に対する保護という選定基準が挙げられた。これらの基準でも，高い成長が期待されるASEANは，EUのFTA締結の候補地域となっている。

　その結果，2007 年 4 月に EU 閣僚理事会で，欧州委員会に対して ASEAN（ラオス，カンボジア，ミャンマーを除く）との FTA 交渉権限を付与する決定が採択され，同年 7 月から交渉が開始された。しかし，ASEAN の国家間では経済発展の度合いが異なるため，ASEAN 全体との交渉が困難となり，交渉を中断することで合意された。その代わり，ASEAN 加盟各国との個別交渉が始められた[9]。

　ASEAN の中でも，ベトナムは EU の大きな貿易相手（ASEAN から EU への輸出額のうち，ベトナムは36％を占め，最大の輸出額である）であり，また潜在成長率も高いことから，有望であると欧州委員会に認識されている。EVFTA が実現されれば，ベトナム市場の開放が進み，EU の投資家に大きな経済的恩恵をもたらすと考えられる。加えて，EVFTA は EU にとって発展途上国との初めての FTA であり，EVFTA が実現されれば，残りの ASEAN 加盟国との FTA も容易に締結できると考えられる。そうしたことから，2012 年 6 月に，ベトナムとの FTA 交渉が開始された。

　一方，第 2 節で述べたとおり，EU は，ベトナムにとって 2 番目に輸出金額が大きく，5 番目に投資金額の大きい相手である。EU との FTA では，従来の輸出拡大と投資誘致の他に，EU からベトナムへの企業の進出と協力を得ながら，国内産業の競争力の向上とハイテク分野への投資拡大も期待される。このように，EVFTA が締結されれば，ベトナムと EU の双方にとって利益があると見込まれている。

⑵　EVFTA 交渉の現状

　通常，EU の FTA 交渉は，準備，交渉，批准，発効というステップで進められる。EVFTA の準備段階は 2012 年 3 月に終了し，同年 6 月に交渉が開始され，3 年以上にわたる交渉を経て，2015 年 12 月に交渉が正式に終了した。批准に向けて双方が合意した EVFTA の最終案が 2016 年 2 月に公表された。

　交渉が終了した EVFTA を発効するには，EU とベトナム両者の批准手続きが必要となる。EU の FTA 承認・批准プロセスからみると，交渉終了後，EU の行政執行機関である欧州委員会（COM）は協定案に仮調印する。COM から協定案が FTA の承認権を有する欧州議会（EP）および EU 加盟国の閣僚で

構成される，最終的な決定権限を有する閣僚理事会に報告され，合意文書が加盟国に送られる。次に，COM の提案を受け，理事会が調印と交渉終了を決定する。COM の通商担当委員によって最終的に調印が行われる。調印後，協定は議会に送られ，承認される（表 8-5）。

　EVFTA の交渉が終了してから 3 年以上経過しても，協定の発効に至っていないため，関係者は懸念を抱いている[10]。この大幅な遅れの原因は，EU の再構築，法律の再確認，EU の FTA 締約に関する判決などが挙げられる。その中でも特に，2017 年 5 月に EU 司法裁判所（EJC）が出した判決が最も大きな原因だと考えられる。EJC の判決により，EU 側の承認手続きが複雑化した。例えば EU・シンガポール自由貿易協定には，ポートフォリオ投資と投資家対国家の紛争解決の 2 分野が含まれる。そのため，混合協定に分類され，EU と

表 8-5　交渉終了から批准までのプロセス

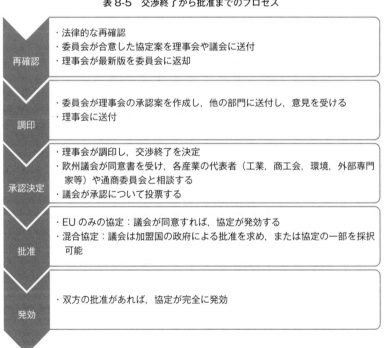

出所：European Commission（2012），"Negotiating EU trade agreements: Who does what and how we reach a final deal" から作成。

加盟国が権限を共有することとなった。正式な発効には，EUのみではなく，加盟国個別の承認も必要となる[11]。EVFTAにも，ポートフォリオ投資と投資家対国家の紛争解決の規定が存在するため，その対象となる。つまり，最終的にEVFTAが発効するためには，EU内での批准手続きだけではなく，加盟国ごとの批准手続きも必要となる。

これを背景に，2018年2月20日，ブリュッセルにおいて，EU議会の国際貿易委員会（INTA）がEVFTAに関する会議を開いた[12]。EJCの判決により，加盟国すべての批准を得るためには数年かかる可能性もあるため，EUが排他的権限をもつ貿易に関連する規定のみを取り出し，先行して批准することで，迅速な関税の相互撤廃を達成しうると主張した。そこでは，協定のポートフォリオ投資，紛争解決に関する内容を別の協定に変換し，EUの批准のみで早期批准を進める方向を提起した。

それを踏まえ，2018年6月26日，EUの貿易担当のセリシア・マルムストローム欧州委員とチャン・トゥアン・アインベトナム商工省大臣が会合を行い，本協定を2つの協定に分離させることで一致した。そして，EVFTA本協定から「投資家対国家の紛争解決（ISDS）」条項を切り離し，投資保護協定

表8-6　EVFTA交渉の主な動き

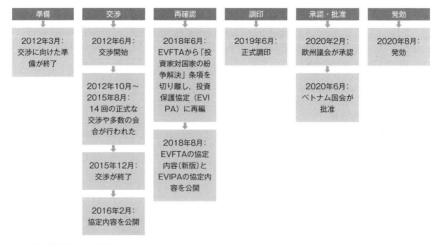

準備	交渉	再確認	調印	承認・批准	発効
2012年3月：交渉に向けた準備が終了	2012年6月：交渉開始	2018年6月：EVFTAから「投資家対国家の紛争解決」条項を切り離し，投資保護協定（EVIPA）に再編	2019年6月：正式調印	2020年2月：欧州議会が承認	2020年8月：発効
	2012年10月～2015年8月：14回の正式な交渉や多数の会合が行われた	2018年8月：EVFTAの協定内容（新版）とEVIPAの協定内容を公開		2020年6月：ベトナム国会が批准	
	2015年12月：交渉が終了				
	2016年2月：協定内容を公開				

出所：各資料より作成。

(Investment Protection Agreement-EVIPA) に再編した。6 月 26 日以降，
EVFTA 新協定の内容を公開，EU 委員会の批准手続きを進めている。EVIPA
の内容についても基本的に合意された。そして，1 年後の 2019 年 6 月 30 日に
ハノイにおいて，EVFTA と EVIPA の 2 つの協定が調印に至った。

　2020 年 2 月 12 日に，欧州議会により EVFTA と EVIPA が承認された。
2020 年 6 月ベトナム国会による批准が行われた。これで EVFTA は双方の批
准が行われ，同年の 8 月に発効されると見込まれる。EVIPA は EU のすべて
の加盟国により批准されてから発効となる。なお，EVFTA 交渉の主な動きは
表 8-6 にまとめてある。

４．EVFTA の主な内容

⑴　EVFTA の章立て

　EVFTA は，商品市場分野からサービス市場，政府調達，持続可能な開発
等の分野にわたる協定で，全 17 章から構成されている。主な内容は物品貿易
（第 2 章から第 7 章），サービス貿易・投資自由化（第 8 章，第 9 章）とルール
作り（第 10 章から第 17 章）である（表 8-7）。

表 8-7　EVFTA の章立て

EVFTA における章		注目すべき内容
第 1 章	目的及び総合定義	本協定は自由化と貿易・投資への円滑化を目的としていることを明らかにし，用語の定義，WTO，PCA，UN の国際条約との関係を提示
第 2 章	内国民待遇と物品市場アクセス	ベトナム EU 間の物品市場アクセスに関する内容 ①関税の削減，撤廃の譲許表 ②輸出入の手続き（通関，輸出税，輸出許可書，輸出入に関する手数料等） ③特殊な物品（再製造品，輸出入禁止品，医薬品，農産物，自動車のその部品等） を規定する。
第 3 章	貿易救済措置	双方の物品に関する貿易救済（ダンピング防止，援助防止，セーフガード措置）を規定する。世界向けのセーフガード措置は WTO と同様だが，双方のセーフガード措置に関して，特定な規定を設けた。双方のセーフガード措置は関税の撤廃により原産品の輸入が急増し，国内産業に大きな損害を引き起こした場合，一定の期間，セーフガード措置（一時的に関税譲許を停止する，または，一時的に最恵国待遇（MFN）と同様な関税を適用する）を適用できる。ただし，協定発効してから 10 年間のみ適用される。

第 4 章	税関と貿易円滑化	通関検査の確保かつ迅速な貿易円滑化，輸出入費用の削減に関することを次のように規定する。 ①透明性：関税，輸出入に関する法令や規定，行政手続き，手数料といった情報を公表すること ②窓口：企業の疑問，質問への対応する窓口を設けること ③関税手続きの費用：提供サービスのふさわしい手数料以上を要求しない，領事査証に関する費用を要求しないこと。本協定発効してから 3 年後，領事査証の手続きを要求しないこと。
第 5 章	貿易の技術的障壁（TBT）	貿易に不必要な技術的障壁を削減するため，WTO の TBT と同様に，規格，技術的規格，適合性評価手続き，協力等の基本的なルールを規定する。通関に関する手続き（領事の合法化）は 3 年以降要求しないことを約束した。また，他の FTA に規定されない事項，例えば，市場監視や商標及びラベル表示も規定する。具体的には，非農産品（医薬品を除く）の場合，Made In EU と明記されれば満たされる。非農産品に対する EU の商品ブランドを承認するのははじめてである。
第 6 章	衛生植物検疫措置（SPS）	WTO の SPS 協定と同様，人間・動物・植物の健康を保護する権利を認めるのと同時に，それらの権利は貿易円滑化に不当な障害をもたらさないことを規定する。
第 7 章	再生可能エネルギー発電における貿易と投資に対する非関税障壁	風力，太陽エネルギー，バイオガス等再生エネルギーに関する分野（対象品目：HS コードの 84，85）における非関税障壁の削減（国内割合，国内企業との連携，許可書提出を要求しない），技術的規格（国際基準の ISO・IEC を適用，技術規格が商品の使用目的の特徴に基づく，企業の自己評価を承認）に関する協力を規定する。
第 8 章	投資自由化，サービスの貿易と電子商取引	国境を超えるサービス，投資と自然人の存在について規定する。また，公共通信ネットワーク提供サービス，金融サービスについても規定する。 ①投資自由化：ベトナムは EU 投資家のベトナム市場にアクセスする権利を保証する。 ②サービスの貿易：WTO サービスの貿易に関する一般協定と同様，ベトナムが約束した分野のみをポジティブリスト方式で採用する。約束していない分野は規定されない。また，視聴覚サービス，沿岸海上乗客運送サービス，航空運送サービスについては本協定にて規定されないとする。 ③自然人の一時滞在および内部移動：投資設立目的を有する商用訪問者，1 年以上の勤務年数を有する企業内転勤者，EU 企業の管理部につき，それぞれ 90 日間，1 年間，3 年間の滞在を許可する。
第 9 章	政府調達	適用対象となる入札の手続き，調達手順における透明性，公平性，賄賂防止，電子入札を確保するメカニズムについて規定する。ただし，ベトナムに譲許上に関する保留（10 年間適用しない）がある。
第 10 章	競争政策	市場，消費者の権利を保障するため，反競争的行為を処理する競争法制を維持することを規定する。
第 11 章	国有企業，特定独占企業，および指定独占企業	CPTPP と同様に国有企業，特殊優遇企業，指定独占企業は国有企業として分類される。WTO と比較すると，EVFTA では国有企業のみではなく，国が特権を与える一部の民間企業も国有企業として取扱う。WTO と同様，国有企業の維持権は認められるが，本協定において，企業の情報提示，企業の経営事項等の情報提示といった透明性をより明確にすることを要求する。具体的には，規定枠組みに入る国有企業に対して，優遇措置を設けずに，純粋な商業的考慮と無差別待遇（EU 企業の物品，サービスに対して自国の企業の同種の物品，サービスに与えるものよりも不利ではない待遇を与えること）を要求する。また，政府機関に対して，それらの国有企

		業がコーポレートガバナンスに関する国際的な基準に従って活動できるように努力することを規定する。
第 12 章	知的財産	WTO の TRIPS 条約を適用するとする。ただし，ベトナムには，次のようなことを求める。著作権とその関連権利に関して，発効してから 3 年後，ベトナムが WIPO Copyright Treaty（WCT）及び WIPO Performances and Phonograms Treaty（WPPT）に加入すること。商標に関して，商標登録，商標データシステムを設立すること，有名な商標を明示すること。工業デザインに関して，Hague 条約に加盟すること，全体及び部分のデザインをより明確に規定する。特許に関して，公共のための医薬に関する特許について，DOHA 声明を適用する権利を規定する。
第 13 章	貿易と持続可能な開発	貿易と持続可能な開発に関する規格，基準，労働，環境，企業の社会貢献等を規定する。労働に関して，双方が加盟した ILO の条約，環境に関して，双方が加盟した MEAs を適用することを規定する。
第 14 章	透明性	本協定の対象となる事項に関する法令等の公表，適用される措置に関する照会，運営等について規定する。特に，新法律の場合，草案の事前公表，周知するメカニズムの設定を要求する。
第 15 章	紛争解決	紛争を解決する際の協議，仲介，パネル手続き等について規定する。
第 16 章	協力と能力構築	政府レベル，所管官庁レベルによる本協定の執行及び協力活動を規定する。優先分野は地域内の統合，貿易の円滑化，貿易に関する政策，法律，農・林・漁業，持続可能発展，中小企業である。また，動物福祉についても規定する。
第 17 章	制度的，一般的および最終規定	本協定の実施，運営，修正などについて規定する。実施機関には貿易委員会，専門委員会，作業部会がある。また，引用された WTO の規定が修正された場合，双方協議による本協定の規定の修正を行うことを規定する。
プロトコル 1	「原産地」の定義と行政協力の方法とその附属書	双方内で生産された商品の原産地の累計計算について規定する。これにより，EU の輸出者の場合，輸出額が 6000EUR 以下であれば，原産地証明の自己発給権利が認められる。ベトナム輸出者に対しては，自己発給規定が認められない。また，繊維産業において，専用の布の原産国がベトナムと EU の時にしか調達できないと規定する。ただし，韓国と日本といった双方との FTA を締結した国から調達することを承認する。
プロトコル 2	関税問題における相互行政援助	関税に関する適用や実行を確保する事項を規定する。

出所：各資料から作成。

　このように，EVFTA は物品の貿易だけではなく，サービス貿易，投資，電子商取引，政府調達，国有企業，知的財産，労働，環境における新たなルールを含んでいる。全体的にみると，同協定は双方の利益を考慮する内容となっている。ベトナムにとって最大の魅力は輸出拡大と投資誘致であり，EU にとって最大の魅力はベトナム市場への進出機会の確保である。以下では，ベトナムと EU の双方にとって大きな利益をもたらす内容について詳しく議論する。

⑵　EVFTA の特徴：物品貿易の高い関税撤廃

　EVFTA は，まず何をおいても貿易自由化を主な目的にしたものであり，高い関税撤廃率や比較的短期の撤廃スケジュールが注目すべき特徴である。協定により，最終的に双方において 98％以上の品目または 99％以上の輸入額について関税が撤廃される。EU においてベトナムからの EU の輸入品目のうち85.6％（EU への輸入総額の 70.3％に相当する）を対象に，輸入関税が即時撤廃される。さらに 7 年以内に，ベトナムからの輸入品目のうち 99.2％（EU への輸入総額の 99.7％に相当する）について，輸入関税が撤廃される。残りの0.8％の輸入品は輸入割当額制度が適用される。ベトナムにおいては，EU からの 48.5％の輸入品目（ベトナムへの輸入総額の 64.5％に相当する）の関税が即時に撤廃される。発効日から 7 年内に，EU からの 91.8％の輸入品目（ベトナムへの輸入総額の 97.1％に相当する）の関税が撤廃される。発効日から 10 年内に，EU からの 98.3％の輸入品目（同輸入総額の 99.8％に相当する）の関税が撤廃される。残りの 1.7％の EU からの輸入品目は WTO に規定される輸入割当額制度が適用される，または 10 年以上のスパンで関税撤廃が実現される（表 8-8）。

　さらに産品別でみれば，双方の主力輸出品目に対する関税の削減度合いが高

表 8-8　輸入関税の譲許表

撤廃時期	EU による約束	ベトナムによる約束
即時撤廃	EU はベトナムからの輸入品目数の 85.6％（輸入額の 70.3％）に対する輸入関税を即時に撤廃。	ベトナムは EU からの輸入品目数の 48.5％（輸入額の 64.5％）に対する輸入関税を即時に撤廃。
7 年内	EU はベトナムからの輸入品目数の 99.2％（輸入額の 99.7％）に対する輸入関税を撤廃。	ベトナムは EU からの輸入品目数の 91.8％（輸入額の 97.1％）に対する輸入関税を撤廃。
10 年内		ベトナムは EU からの輸入品目数の 98.3％（輸入額の 99.8％）に対する輸入関税を撤廃。
割当	残りの 0.8％の品目数	残りの 1.7％は WTO と同様の輸入割当制度を使用する。たばこ，石油，ビール，自動車部品，オートバイ部品などに対して，特別なルートで撤廃する。ただし，中古エンジン（HS8702, 8703, 8704）は対象外である。

出所：各資料より作成。

表 8-9　主要産品についての関税等撤廃スケジュール

EU による約束	
農水産品	
水産	即時約 50％の商品の関税を撤廃，残りの約 50％は 3－7 年間で撤廃。マグロ缶詰とフィシューボールにはそれぞれ 11.5 トンと 500 トンを割り当て
米	割り当て：8 万トンでの税率が 0％。その中，玄米の割り当て量が 2 万トン，玄米の割り当て量が 3 万トン，香り米の割り当て量が 3 万トン 5 年後に割り当てが完全撤廃，コメ関連の商品が 3－5 年後に完全撤廃
コーヒー	即時撤廃
砂糖	割り当て：白い砂糖の割り当て量が 1 万トン，80％砂糖を含む商品の割り当て量が 1 万トン
自然はちみつ	即時撤廃
生果物，野菜とその加工食品	即時撤廃
そのほかの農産品	加工済みの卵：500 トン，ニンニク：400 トン，トウモロコシ：5000 トン，キャッサバ澱粉：3 万トン，キノコ：350 トン，Etylic アルコール：1000 トン，科学商品：2000 トンの割り当てを適用
工業品	
縫製品	約 42.5％が即時撤廃，残りが 3－7 年後に撤廃
靴製品	約 37％が即時撤廃，残りが 3－7 年後に撤廃
木工製品とその関連	約 83％が即時撤廃，残りが 3－5 年後に撤廃
パソコン，電子商品と設備	約 74％が即時撤廃，残りが 3－5 年後に撤廃
その他	プラスチック，電話と設備，カバン，スーツケース，傘などが即時撤廃
ベトナムによる約束	
機械・設備	61％（品目数ベース）が即時撤廃 残りは最大 10 年 0％まで削減
自動車とその部品，オートバイとその部品	9 年後，大型自動車（Diesel の 2500Cm3 以上，ガソリンの 3000Cm3 以上） 他の自動車は 10 年間で削減 普通バイクと 150Cm3 以上のバイクの輸入税が 10 年後と 7 年後に撤廃
アルコール飲料	7 年後撤廃 ビールは 10 年後に撤廃
生肉	冷凍豚肉は 7 年後に撤廃，残りは 9 年後に撤廃 鶏肉は 10 年後に撤廃 牛肉は 3 年後に撤廃
医薬品	約 71％が即時撤廃 残りは 5－7 年後に撤廃
化学と化学品	約 70％は即時撤廃 残りは最大 7 年後に撤廃
縫製，履物の肌原料	約 80％は即時撤廃 残りは 3－5 年後に撤廃
ミルクとその関連商品	約 44％は撤廃，または 3 年後撤廃 残りは 5 年後に撤廃
ガソリン	10 年後に撤廃

出所：ベトナム商工会議所（VCCI）『EVFTA・ベトナム企業向けのマニュアル』（2016 年版）から作成。

いことが確認できる（表8-9）。例えば，協定発効日に，輸出金額の60.2％に相当するベトナムの水産品についての関税は撤廃される。ベトナムのパソコンとその部品についても発効日に約74％撤廃される。また，EU の主力輸出品である機械・設備や医薬品は発効日にそれぞれ約61％と71％撤廃される。これらにより，双方に貿易拡大のチャンスが創出できると期待される。

なお，輸出税については，保留されるケースを除き，適用しないことを双方約束した。保留されるのはベトナム側のみとなる。具体的には，ベトナムが57品目（主に自然資源である砂，粘板岩，グラニット岩，鉱石，純鉱石，原油，石炭，コークス，銀など）に対して，最大5年内に輸出税率を20％にする[13]。ほかの商品については最大15年内に完全に撤廃すると約束した。

このような物品貿易についての内容を，従来の特恵関税制度（GSP）と新たに発効した CPTPP と比較すると，EVFTA はベトナムに輸出拡大の恩恵をもたらすことがわかる。EVFTA 以前から，ベトナムは EU からの途上国に対する GSP を受けている。しかし，2014年に適用された新規定により，1人当たり国民所得が直近3年間で世界銀行の基準で高位中所得国に分類される場合には，GSP を受けられなくなる。したがって，EVFTA と比較すると，GSP は片務的で安定ではない。また，CPTPP では，ベトナムからの輸入品に対して，シンガポールが CPTPP 発効日即時に完全に関税を撤廃し，ブルネイが7年内に約99.9％を撤廃すると約束したが，それ以外に発効日から7年以内に EVFTA と同様な撤廃率（ベトナムからの輸入品に対して，EVFTA の撤廃率が品目数ベースでは99.2％，輸入額では99.7％）を約束した国はない。しかも，市場規模を考えると，シンガポールやブルネイへの輸入品数は EU と比較できるレベルではないため，ベトナムにとって，CPTPP よりも EVFTA がもたらすメリットの方がはるかに大きい。加えて，本協定の輸入関税の撤廃期間はベトナムが10年，EU が7年であることから，ベトナムの国内産業の一時的な保護が考慮されている。このように，EVFTA による影響は EU の試算によると，ベトナムの成長率を毎年0.5％増加させ，輸出金額を4－6％増加させるという（EC 2017）。

⑶　投資とサービスの自由化についての高い期待

EVFTA の物品貿易についての関税撤廃率がベトナムに輸出拡大のメリットをもたらす一方，市場へのアクセスやサービスの貿易の規定は EU にも大きな投資機会をもたらす。

まず，市場へのアクセスにおいて，ベトナムは市場アクセス規定に従い，特定の制限（企業に対する営業所数，取引額の上限，取引数など）を採用しないこと，EU の投資家に対して同様の状況にある自国の企業に与えた待遇よりも不利ではない待遇を与えること，他の FTA 相手国の投資家に与えた待遇よりも不利ではない待遇を与えることを約束した。加えて，ベトナムは EU の投資家に国内の政府調達市場（ベトナムの 20 政府機関（行政機関，国有企業を含

表8-10　ベトナムのサービスの開放度合い

完全開放サービス		EVFTA	CPTPP
ビジネスサービス	法律，会計，建築，都市企画，コンピュータサービス，自然科学研究サービスなど	○	○
	技術コンサルティング，社会科学開発研究，設備のメンテナンス，展覧会など	×	○
	介護，ビルディング掃除サービス	○	○
通信サービス	郵便，配達	○	○
建設	建設施工	○	○
分配	フランチャイズ，代理店	○	○
教育	高等教育	○	○
環境	ごみ処理，排水処理，環境影響評価	○	○
医療	病院，歯科，外来	○	○
観光	ホテル，レストラン	○	○
	旅行代理店，ツアーオペレーター	×	○
運送	通関，コンテインナーなど	○	○
	運送業の代理，航空機のメンテナンス，航空サービス	×	○
一部開放サービス		EVFTA	CPTPP
ビジネスサービス	獣医サービス，農・林業，鉱業，特別写真業	○	○
通信サービス	基本サービス	○	○
教育	小学校	－	○
医療	健康に関する社会サービス	○	－
娯楽	娯楽，ゲーム	○	○
	スポーツ関連イベント開催	－	○
運送	ランドコントロール	○	－
	航空運送	－	○

出所：ベトナム商工会議所（VCCI）『EVFTA・ベトナム企業向けのマニュアル』（2016 年版）から作成。

む）と2地方（ベトナムで最大都市であるハノイとホーチミン）の入札に参加可能）へのアクセスチャンスを与えた。このような市場への自由なアクセスはEU投資家にとって，大きなメリットだと考えられる。

次に，サービスの貿易に関して，EU投資家がビジネスサービス，環境に関するサービス，ロジスティクス，銀行，保険，海上輸送といった分野で参入できるようになる。

ベトナムのサービス市場開放度合いについて，EVFTAはCPTPPと比較すれば，CPTPPほどではないがかなり高い開放度が達成されるものと評価できる（表8-10）。

おわりに

ドイモイ政策が実施されてから33年が経過したが，その間，ベトナム経済は国際経済統合の道を追求してきた。その結果，同国は外国投資の誘致，輸出の拡大，経済の成長といった点に成功してきた。EVFTAが発効されれば，ベトナムにさらなる輸出拡大，投資誘致の機会がもたらされるのと同時に，国内企業の競争力および政府の管理能力を改善するきっかけともなる。

しかし一方で，本協定の諸条件を満たすため，相応の準備や適切な戦略を立てる必要がある。ここでは，本協定の恩恵を享受するのにベトナムが実施すべき政策を提案したい。

まず，物品貿易の観点から議論する。物品貿易による利益を受けるためには，本協定に関する情報を公的機関が適切に提供し，それを企業が把握する必要がある。企業調査の結果によると，EVFTAを聞いたことがある企業の割合は69％であるが，詳しく調べたと答えた企業は5％しかなかった。また，政府による詳細な指導がほしいとの要望が企業側から出されている（CIEM 2017）。本協定への認知度が低くはないが，協定の利用に向けてさらに理解を深める必要がある。

ベトナムはこれまで，他の複数の国とのFTAを締結してきたが，輸出においてFTAによる関税の恩恵を受けるためには原産地証明書（C/O）の提出が

求められてきた。しかし，C/O を提示することで FTA による関税の恩恵を受けた輸出金額は FTA 市場への総輸出金額の 30％台にとどまっている（2016年：36％，17年：34％，18年：39％）。その原因として，企業が情報を把握していない，またはやり方がわからないといったことが挙げられる（VCCI 2019）。EVFTA 協定が発効されたため，企業自身が EVFTA の利用の有無が生み出す違いを検討し，本協定を利用するための原産地証明書の取得方法を把握すべきである。

　また，それらの情報を正確に提供し，企業にタイミングよくアドバイスするために，公的機関がワーキンググループを作り，ホームページで誰でも利用できる手引き書を公開する必要がある。また，EU 側とベトナム側の団体による定期的な勉強会等を開催すれば，ベトナム輸出企業が本協定の利用について直接に問い合わせることが可能となり，情報提供に有効であろう。さらに，さまざまな事例を産業界全体で共有することも FTA 利用促進にとって重要である。例えば，ベトナムは 2017 年 10 月に，違法・無報告・無規制に行われている漁業問題で EU からイエローカードを受け，2019 年 1 月に解除されると期待されていたがまだ解除されていない事例がある。そこからの教訓を水産業全体で共有するのは将来の防止策になるものと考えられる。

　現在，EVFTA の情報を提供する役割を担うのはベトナム商工省となっており，EVFTA 専用のウェブサイトに企業向けのマニュアル，産業別のレポート・勧告書が公開されている。しかし，提供される情報は具体性に欠けているようにみえる。輸出企業，特に EU 市場に輸出する意欲のある企業に対し，本協定に関するより適切な情報を提供する必要がある。とりわけ，企業の関心のある商品品質の基準，品質確保方法，パッケージ，EU 市場に関する詳細な情報を提供する必要がある。

　つぎに，本協定による持続可能な経済成長の観点から議論する。これまでの EU 市場への輸出産業としては，労働集約産業（携帯電話の組み立て，縫製，靴製品），または自然資源に依存した産業（水産物，農産物）が大きな割合を占めている（前出の表8-3参照）。これらの労働集約産業は，短期的には最も大きな恩恵を受けるものと予想される。しかし，付加価値が低いため，輸出拡大が実現できても，長期的には持続可能な経済成長に繋がらないという懸念が

ある（Baker 2014；Kikuchi 2018）。また，海外投資の拡大について，これまでベトナムの安価な労働力が外資誘致の最大メリットと考えられてきたが，ベトナムの人口は減少する傾向にあり，最低賃金が上昇傾向にあるため[14]，その強みは安定的ではない。せっかくEUからの直接投資が先端技術分野や環境調和型産業に期待できるのであるから，より良い投資案件を誘致するのに，ベトナム国内の労働者が必要な技能及び知識を身に付けることが不可欠である。

　実際，多くの研究によると，ベトナム労働者の能力は海外投資家の要求にこたえられていないのが現状である。例えば，2017年に行われた外資企業調査の結果によると，単純労働であれば採用しやすいと答えた企業が約8割であったが，技術者レベルであれば8割弱の企業が難しいと答えた。中間管理職であれば8割以上，マネジャーレベルであれば約9割の企業が難しいと答えた（Malesky 2018）。また，大学を卒業しても仕事が見つからないことが，ベトナム教育の大きな問題となっている（Cao 2016b）。大学における教育プログラムで身に付けることのできる能力と実際の仕事において要求される能力に大きな差が存在しているからだと思われる。このギャップを埋めるには，一般的な職業訓練よりも，専門的な職業・技能の訓練を行うことが重要である。例えば，職業訓練学校の設備の改善，メリハリのある教育プログラム，会社での実習プログラムの導入などを行うことで，職業訓練機関への入学の興味を高められるであろう。また，EU諸国における実習プログラムを実施することで人材育成の目的を実現することも，良い政策かもしれない。

注
　1）ベトナム共和国（南ベトナム）の旧首都。
　2）ASEANメンバーとして締結したのが6件（ASEANと中国，韓国，インド，日本，オーストラリア・ニュージーランド，AFTA），独立に締結したのが6件（日本，チリ，韓国，ユーラシア経済連合，CPTPP，EVFTA），交渉中が4件（RCEP，ASEAN香港，イスラエル，欧州自由貿易連合（EFTA））である。
　3）1946年から1954年までのベトナムのフランスとの交戦と，1955年から1975年までのベトナムの米国との交戦。
　4）ファンヴァンカイ・1997-2006任期の首相，モスクワ経済大学の元留学生。グェンフーチョン・2011〜2021任期の共産党中央委員会書記長，ソ連社会科学アカデミーの元留学生。世界長者番付にランクインしたファンニャットヴォン・コングロマリットビンググループ会長（ロシア国立地質探査大学の元留学生），グェンティフォンタオ・格安航空会社最大手ベトジェットエア社長（ロシア商学大学の元留学生）等。「東欧・ベトナムの長者のゆりかご」https://news.zing.vn/dong-au-

cai-noi-cua-cac-ty-phu-viet-post730453.html

5）例えば，ベトナム外務省によると，ドイツには約 13 万人，ポーランドには約 4 万人，スロバキアには約 5 千人，ハンガリーには約 4 千人在住している。http://www.mofa.gov.vn/vi/

6）ベトナムの外交関係において，最も高いレベルの外交関係として，包括的かつ戦略的なパートナーシップが挙げられる。それ以降の順番は戦略的なパートナーシップ，包括的なパートナーシップ，通常のパートナーシップである。現在，包括的かつ戦略的なパートナーシップを締結した国は中国，ロシア，インドである。また，戦略的なパートナーシップを締結した相手国は 12 カ国（日本，韓国，スペイン，イギリス，イタリア，タイ，インドネシア，シンガポール，フランス，マレーシア，フィリピン，オーストラリア）である。

7）FCA については次のリンク先を参照されたい。https://eeas.europa.eu/sites/eeas/files/framework_cooperation_agreement_en.pdf

8）詳細はみずほ政策インサイト（2006）「EU の新通商戦略・アジア諸国との FTA を積極的に推進」を参照されたい。https://www.mizuho-ri.co.jp/publication/research/pdf/policy-insight/MSI061101.pdf

9）シンガポールとの交渉が 2010 年，マレーシアとの交渉が 2010 年，ベトナムとの交渉が 2012 年，タイとの交渉が 2013 年，フィリピンとの交渉が 2015 年，インドネシアとの交渉が 2016 年に開始された。マレーシアとの交渉が 2012 年に中断されたため，ベトナムは ASEAN の 2 番目の国として EU との FTA 交渉が開始されたとみなされる。また，2017 年 3 月に ASEAN 理事会と EU 通商委員（EU と ASEAN の閣僚級協議 AEM－EU）は第 15 回の会合を開催，FTA の再交渉に合意した。

10）EVFTA は 2012 年 6 月の交渉開始以来，すでに 8 年が経過していた。日 EU EPA の発効より時間がかかっていることがわかる。日 EU・EPA では，2013 年 3 月に交渉が開始され，2017 年 7 月に大枠合意，2017 年 12 月に交渉妥結，2018 年 7 月に署名，2019 年 2 月に発効した。発効されるまで約 6 年間かかった。

11）詳細は「EU シンガポール FTA は「混合協定」－ EU 司法裁判所が意見書」を参照されたい。https://www.jetro.go.jp/biznews/2017/05/9521ec40990d2d1c.html

12）EU 議会に公表されたブリーフィングは次のリンク先を参照されたい。http://www.europarl.europa.eu/meetdocs/2014_2019/plmrep/COMMITTEES/INTA/DV/2018/02-19/EPRS-Briefing-EU-Vietnam_FINAL_EN.pdf

13）ただし，マンガン鉱石に対する輸出税率は 10%とする。

14）ベトナムの総人口の直近 10 年間の平均成長率（2008 年から 18 年まで）は 1.02%であり，2013 年にピークを迎えて（1.10%）それ以降は減少傾向にある。また，最低賃金の上昇率は 2019 年に月額で平均 5.3%引き上げられ，20 年には 5.5%引き上げられた。

参考文献

Cao Thi Khanh Nguyet（2016a）「『魚か鉄か』─台湾大手製鉄会社による海洋環境破壊事件からみた海外投資誘致と環境問題」アジア太平洋研究所，コメンタリー No. 59。

みずほ政策インサイト（2006）「EU の新通商戦略・アジア諸国との FTA を積極的に推進」（https://www.mizuho-ri.co.jp/publication/research/pdf/policy-insight/MSI061101.pdf）。

田中友義（2015）「EU の通商政策と FTA 戦略の展開・通商政策の立案・決定・協定批准プロセス」フラッシュ 232，国際貿易投資研究所。

Cao Thi Khanh Nguyet（2016b），"Upskilling the Labor Force in Vietnam," *Kansai and the Asia Pacific Economic Outlook 2015-16*, Osaka: Asia Pacific Institute of Research（APIR）.

Central Institute for Economic Management（CIEM）（2017），"The Institutional and Policy adjustment implications of the European Union-Vietnam Free Trade Agreement in Vietnam," Nhà Xuất Bản Thế Giới.

Delegation of the EU to Vietnam (2019), *Guide to the EU-Vietnam Free Trade Agreement*, Brussels: European Parliament.

European Chamber of Commerce in Vietnam (Eurocham) (2018), "2018 Whitebook, Trade & Investment issues and recommendations" (https://www.eurochamvn.org/Publication/Trade_Issues_Recommendations).

European Commission (EC) (2012), "Negotiating EU Trade Agreement: Who Does What and How We Reach a Final Deal," The European Commission.

European Commission (EC) (2018a), EU-Vietnam Trade and Investment Agreements (authentic text as of August 2018) (http://trade.ec.europa.eu/doclib/press/index.cfm?id=1437).

European Commission (EC) (2018b), "The Economic Impact of the EU-Vietnam Free Trade Agreement," The European Commission.

European Parliament (2018), "EU-Vietnam Free Trade Agreement," Briefing Integration Agreements in Process.

Kikuchi, Tomoo, Kensuke Yanagida and Huong Vo (2018), "The Effects of Mega-Regional Trade Agreements on Vietnam," *Journal of Asian Economics*, 55, pp. 4-19.

Baker, Paul, Vanzetti David and Phạm Thị Lan Hương (2014), "Đánh Giá Tác động Dài Hạn Hiệp Thương Mại Tự Do Việt Nam-EU"（「ベトナム EU 自由貿易協定・長期的影響への評価」）, Hà Nội, Việt Nam.

Bruno Agelet (2018), "Hiệp định thương mại tự do giữa Liên minh Châu Âu (EU), và Việt Nam: Con đường ngắn nhất để Việt Nam thu hút FDI chất lượng cao từ Liên minh Châu Âu," 30 năm thu hút đầu tư nước ngoài tại Việt Nam, Bộ Kế hoạch đầu tư. （「EU とベトナムの自由貿易協定・欧州連合からの質の高い FDI を誘致する最も近い道」『ベトナムの 30 年の直接投資の誘致』投資計画省）

Malesky, Edmund (2018), "Chỉ Số NLCT Cấp Tỉnh Của Việt Nam Năm 2017,"（『2017 年のベトナムの各省・市競争力指数』）Hà Nội, Việt Nam.

商工省 (Ministry of Industry and Trade (MOIT)) (2016), "EVFTA, Sổ tay cho doanh nghiệp Việt Nam".（『EVFTA, ベトナム企業向けのガイダンス』http://trungtamwto.vn/chuyen-de/8878-evfta---so-tay-cho-doanh-nghiep-viet-nam）

ベトナム商工会議所 (Vietnam Chamber of Commerce and Industry (VCCI)) (2019), "Tỷ lệ tận dụng C/O ưu đãi theo các hiệp định thương mại của Việt Nam qua các năm".（『ベトナムの FTA 利用率の状況』）

ベトナム外務省「ベトナムと欧州連盟（EU）との外交関係」(http://www.mofahcm.gov.vn/en/mofa/cn_vakv/euro/nr040823164750/ns160517091516)。

ベトナム商工省・商工会議所 (http://trungtamwto.vn/fta)。

ベトナム政府総統計局 (https://gso.gov.vn/)。

ベトナム投資計画省（海外投資局）(https://mpi.gov.vn/)。

ベトナム商工省（EVFTA 情報提供）(http://evfta.moit.gov.vn/)。

(Cao Thi Khanh Nguyet)

終章
新型コロナウイルス到来を受けて

　本書の編集中に新型コロナウイルス（COVID-19）の世界的感染が始まった。発生国と目される中国はもちろんのこと，その他の東アジア諸国も例外なく，ソーシャル・ディスタンシングを基本とする COVID-19 対策を強いられた。

　各国の対応ぶりと感染の終息状況はさまざまである。本章の執筆時点（2020年6月中旬）では，台湾とベトナムが模範的な感染防止成功国となっており，また日本，韓国，タイ，オーストラリア，ニュージーランドは経済活動に課された制限の緩和を視野に入れ始めた。一方，シンガポール，インドネシア，マレーシア，フィリピンはまだ慎重を期さねばならぬ状況にあり，インドは爆発的感染に入りかかっているように見える。各国ともまずは感染拡大を抑制し，保健医療システムのキャパシティ内に収めていくことに，政策の優先順位を置いていくべきだろう。

　各国政府が当面の緊急対応に追われる状態から脱した時，どのような世界経済を見ることとなるのか。世界経済の成長予測は，COVID-19 の感染拡大とともに，悪化の一途をたどっている。当初は V 字型回復が可能かどうかといった議論も多く見られたが，このところ，景気の底が長く続く U 字型，あるいは永遠に回復しない L 字型とする論調も強くなった。2007－2008 年の世界金融危機以上，あるいは戦間期の大恐慌にも匹敵する経済危機となるとの見方すら語られるようになってきた。

　本書の各章は，COVID-19 の登場を踏まえて執筆されたものではない。その点でやや時事性を欠く部分があることは認めねばならない。しかし，COVID-19 がもたらす危機を踏まえてこれからの東アジアの進むべき道を考

えるならば，本書が主張した保護主義の台頭を押さえることとメガ FTAs の重要性を認識すべきことは，より一層重要となってくる。その意味で，本書の価値は決して失われないであろう。

1．COVID-19 の衝撃

　COVID-19 が中国に始まり世界中に広がっていく時点では，その影響は供給ショックと需要ショックの同時発生を特徴とするものと言われてきた[1]。しかし，特に日本をはじめとする中国以外の東アジア諸国にとっては，今後は負の需要ショックが主なチャンネルとなる。確かに，2020 年 1 月，2 月の時点ではまず，中国から調達していた部品・中間財が届かないという供給ショックから始まり，次第に需要ショックへと影響が広がってきた。3 月，4 月，5 月は感染爆発を抑えるべく，国・地域によって程度の差はあれ，供給と需要の一部を強制的に停止した。そして今，ようやく経済活動を再開しようとする段階に入りつつある。

　ここで注意したいのは，我々の有するモノ・サービスの生産体制自体はまだほぼ無傷で残っていることである。基本的には需要があればすぐに生産を開始できる状態にある。一方，医療関係品等を除けば，供給不足ならば生ずるであろう物価の高騰は全く観察されておらず，むしろ物価は下がっている。今後，経済活動を再開していく時にまず我々が直面するのは，供給途絶ではなく，需要の落ち込みである。

　これから我々が直面するのは需要ショックであるとの認識は極めて重要である。マクロ経済政策においては，モノ不足によるインフレを警戒するのではなく，まずは需要回復のための景気刺激が重要ということになる。また，グローバル・ヴァリュー・チェーン（GVCs）あるいは国際的生産ネットワーク（IPNs）は供給途絶によって信頼性を失ったといった論調もあるが，医療関係品等を除けば，少なくとも短期的には生産再開に大きな問題は存在しない。あるいは，次の危機に備えてショックに強い生産体制に組み直すべきとの議論もあるが，今次の COVID-19 危機は極めて大きな外的ショックであり，この規

模のショックに万全な体制を敷くのはコストが大きすぎる。むしろ，いかにして需要不足を短期にとどめて IPNs が痛んでしまうのを防ぐか，あるいは不況が長引いてしまうのであればいかにしてその間 IPNs を生き延びさせ国際競争力を強化するかに重点を置くべきである。

2．生産ネットワークの頑健性

　機械産業を中心とする IPNs は，資源貿易等も含む GVCs 一般とは異なり，緊密なサービス・リンクによって結ばれている。これは，Baldwin（2016）の分析枠組みで言えば，タスク単位の国際分業である第 2 のアンバンドリングに当たる。このような国際分業に参加できた新興国・発展途上国は東アジア諸国，東欧諸国，メキシコなど限られた新興国・発展途上国に限られる。また，企業としても，関係特殊的な取引を核とする IPNs を構築するには，中長期を見据えたそれなりの投資をしなければならない。

　この性質ゆえに，IPNs は一時的な需要・供給ショックに対しては頑健である。アジア通貨危機，世界金融危機，東日本大震災などの際の国際貿易の落ち込みとその後の回復パターンを分析すると，確かに危機当初，IPNs はショック伝搬チャンネルとして機能している。しかし，危機の最中でも企業は IPNs を保持し続けようとし，また危機からの回復も他のタイプの取引よりも早い傾向がある[2]。IPNs 構築のために一定の投資を行っているため，いったんショックに見舞われてもなるべくそのまま保持しようとすることがわかる。

　しかし，これはあくまでもショックが一時的なものにとどまるケースについてあてはまる。供給ショックにせよ需要ショックにせよ，それが長期的あるいは恒久的なものであると企業が認識するならば，大規模な改編は不可避となってくる。そうなれば，IPNs は永遠に失われてしまうかも知れない。新興国・発展途上国が IPNs への参加を継続したいと思うならば，危機をできるだけ一時的なものにとどめることが必要であり，また危機の間，多国籍企業が生産ブロックを引き上げてしまわないようさまざまな手当てをすることが重要となる。

Jones and Kierzkowski（1990）によれば，新興国・発展途上国がIPNsに参加するためには，生産ブロックにおける生産コストを下げることと，生産ブロックを結ぶサービス・リンクのコストを下げることが必要である。ASEANをはじめとする東アジア諸国が立地の優位性を高め，連結性を強化してきたことは，このようなIPNsのための条件整備と合致するものであった。これをさらに高い次元で進めていくことが，今次のCOVID-19危機への対策として求められることとなる。

　東アジアの経済統合の歴史をひもとけば，我々はアジア通貨危機あるいは世界金融危機といった大きな危機に直面するたびに経済統合への努力を高めてきたことがわかる。今回もASEANあるいは東アジアがより深い経済統合へと進んでいけるかどうかが問われている。

3.　中国ファクター

　今回のCOVID-19危機に際して今ひとつ読み切れないのが中国ファクターである。

　米中貿易戦争は2020年1月の「第1段階」合意によってやや緊張緩和の方向に進むとの見方もあった。しかし，COVID-19が欧米で爆発的感染拡大に至ると，米中関係はさらに悪化した。これは米国民の目をそらそうとするトランプ政権の政策によるところもあるが，対中感情の悪化はもっと根が深い。貿易戦争も，単なる貿易収支不均衡の是正にとどまらず，ハイテク分野の取引規制等にまで明示的に拡大され，技術覇権をめぐる対決へとその性格を変化させつつある。中国側も，国内世論対策の延長線上で対外政策を組み立てる傾向が顕著で，関係悪化は米国にとどまらず，オーストラリア，ニュージーランド，インド，ヨーロッパなどに広がってきている。

　政治・安全保障上の対立が深まることが予想される中，問題は経済のデカップリングがどこまで進むかである。東アジアおよびアジア太平洋諸国は，国によって程度の差はあれ，どの国も米国と中国の双方と経済的に深くつながっている。どちらか片方を選べと踏み絵を踏まされることは極力避けたい。しか

し，特にハイテク分野とデータに関しては対立が顕著で，デカップリングが進むことは不可避のように思える。これは，仮に11月の米大統領選で民主党が勝ったとしても変わらないとの見方も優勢である。経済のデカップリングの範囲が拡大していくならば，ASEAN その他の IPNs も改編を余儀なくされるかも知れない。

　いずれにせよ，ASEAN あるいは周辺の東アジア諸国が採るべき対応策は明確である。デカップリングの進行はむしろ IPNs への関与を強め，ヴァリュー・チェーンの中でより有利な位置を占めるための契機となりうる。危機を好機として利用できるかが問われることとなる。

4．東アジア諸国の COVID-19 対応政策

　特に ASEAN 諸国を念頭においた東アジアの新興国・発展途上国におけるCOVID-19 対応政策は表終-1 のようにまとめられるであろう[3]。

　まず時間軸では大きく，緊急対応，出口政策，新常態（ニューノーマル）政策の3つに分けられる。これらは実際にはある程度重複しながら進められるものであるが，それぞれ目的が異なっているため，明確に区別して策定・施行していく必要がある。

　緊急対応は今まさに各国が取り組んでいるもので，保健医療政策としてはソーシャル・ディスタンシングと感染・抗原テストを用いて保健医療サービスの供給能力の範囲内に感染を抑制することが中心となる。マクロ経済政策としては，外国為替市場と各種資産市場の崩壊を回避しつつ，被害を受けたビジネスや人に対する一時的救済が求められる。経済状況はソーシャル・ディスタンシングのための一部の経済活動の強制的停止によって性格づけられる。

　いったん感染をコントロール可能なレベルまで低下させたら，次は出口政策である。経済状況は，各国・地域・世界における長引く不況が大きな足かせとなり，また国際間の人の移動はなかなか元に戻せない状況が続くことになる。ここでの保健医療政策では，人の移動の慎重な正常化，保健医療サービスの正常化が目指される。また，国によって感染抑制状況も保健医療資源も異なるこ

表終-1　東アジア新興国・発展途上国における COVID-19 対応政策枠組み

	緊急対応	出口政策	新常態政策
保健医療政策	・ソーシャル・ディスタンシング ・感染・抗原テスト ・保健医療サービス供給能力の範囲内に感染を抑制	・人の移動の慎重な正常化 ・保健医療サービスの正常化 ・出口のための国際協力（医療関係品、ワクチン、検査など）	・長期的な保健医療体制の構築 ・健康保険体制の構築 ・パンデミック防止のための国際協力枠組みの構築
マクロ経済政策	・為替レート安定と資産市場の崩壊回避 ・被害を受けたビジネス・人の救済	・マクロ経済刺激策（金融・財政政策） ・マクロ経済政策の国際協調（国際決済通貨の供給、地域市場による需要創出）	・健全財政の回復と頑健性強化のための内包性改善 ・マクロ経済政策の国際協調的枠組みの構築
国際的生産ネットワーク（IPNs）のための政策	・ソーシャル・ディスタンシング下におけるIPNsおよび関連産業の維持	・世界経済の危機と残存する人の移動制限の下でのIPNsおよび関連産業の維持 ・立地の優位性強化とサービス・リンク・コストの削減（連結性、貿易・投資の自由化、円滑化）	・立地の優位性強化（人的資本、インフラ、制度）とサービス・リンク・コストの削減を通じてのIPNsにおける位置の改善 ・革新的IPNsを誘致するための競争力のある地域としてのASEANの構築
デジタル経済のための政策	・テレワークやその他のデジタル接続性に関するボトルネック解消	・IT, CTの利用によるIPNs国際競争力の強化 ・旧来からの諸産業におけるIT, CTの応用 ・デジタル関連ビジネスの振興 ・e-governmentの推進 ・自由なデータフローとデータ関連ビジネスのための国内的・国際的な政策規律の確立	・開発のためのIT, CTの有効利用 ・IT, CTの応用促進のためのイノベーション・ハブの整備 ・自由なデータ移動のための信頼ある政策環境の確立 ・ASEAN Digital Integration Framework, E-commerce Agreement その他のさらなる推進
経済状況	・ソーシャル・ディスタンシングのための経済活動の強制的停止	・各国・地域・世界における緩慢な回復 ・国際間の人の移動の緩慢な回復状況	・新常態 ・効率的かつ高付加価値のIPNs ・デジタル技術のさらなる浸透

注：太字で示したものはASEANあるいは東アジアにおける国際的イニシアティブ。
出所：Kimura (2020).

とから，医療関係品の供給，ワクチン開発，検疫などについての国際協力も進められるべきであろう。マクロ経済政策は，金融政策と財政政策を総動員してマクロ景気刺激を行うこととなる。世界金融危機の時とは異なり米国のリーダーシップが欠如している点が問題となるが，国際決済通貨の供給を確保するなどマクロ経済政策についての国際協調も不可欠となる。欧米諸国が景気回復に手間取る中，ASEAN あるいは東アジア地域市場が一体となって需要を創出していくことも重要である。

　出口が見えてきたところで，新常態政策も開始しなければならない。保健医療政策としては，長期的な視野の下での保健医療体制の構築，健康保険体制の充実が課題となる。合わせて，次の感染症に備え，パンデミック防止のための国際協力の枠組み作りも進めねばならない。マクロ経済政策では，大規模な財政支出によって新興国・発展途上国の財政ポジショニングは大幅に悪化しているはずであり，それが経済危機の引き金とならぬよう，健全財政の回復が最重要の課題となる。また，ショックに対する頑健性を強化するために経済的・社会的弱者に目配りの効いた経済体制の構築を進めることが求められる。

　これらに合わせて，IPNs のための政策も並行して進めていく必要がある。緊急対応の中ではソーシャル・ディスタンシングの下，出口政策では世界経済の危機となかなか撤廃できない人の移動制限の下で，いかにして IPNs および関連産業を維持していくかが課題となる。さらに進んで，立地の優位性を高め，サービス・リンク・コストを削減することで，IPNs における自らの位置付けを改善することも目指すべきでる。そのためには，ASEAN あるいは東アジア地域としての経済統合や連結性改善を進めることが望まれる。

　さらに，デジタル経済に向けての政策も打っていかねばならない。新常態の下ではデジタル化が急速に進む。新興国・発展途上国もその波に乗り遅れてはならない。デジタル技術開発の最先端に立たずとも，その応用を考えていく余地は大いにある。新常態の中では，IT（information technology）と CT（communications technology）の双方について，世界の技術潮流をとらえその応用を促進するためのイノヴェーション・ハブを整備していく必要がある。

　産業振興という意味では，3 つの方向が考えられる。第 1 は，IT，CT の導入によって IPNs における国際競争力を強化することである[4]。第 2 は，農

業，村落工業，輸送，流通，観光などの旧来からの産業を IT，CT の技術を導入することで活性化することである。第 3 は，新たなデジタル関連ビジネスを振興することである。新興国・発展途上国におけるインターネット，スマートフォンなどの CT 利用は急速に進んできている。人工知能（AI）やロボットなど IT の応用も，導入コストが下がってくれば大いに可能性がある。これらと合わせ，国際協調の下で，自由なデータ移動とデータ関連ビジネス振興のため，関連政策に対する政策規律を確立していかねばならない。

保護主義に抗し，経済統合を進めよ

　以上のように，COVID-19 以後の世界では，保護主義に対抗して自由な貿易・投資政策を志向し，また経済統合を進めていくことが，それ以前にも増して必要となってくる。COVID-19 以後もグローバリゼーションの流れは止まらない。ソーシャル・ディスタンシングの文化が一部には取り入れられ，無駄な物理的移動がデジタル接続に置き換えられることはあるだろう。しかし，数年のうちには人々もまた国際間移動するようになるであろうし，政治的・経済的に安定した新興国・発展途上国の国際分業への参加も決してなくならない。危機に直面して内を向いてしまうのは得策ではなく，むしろ積極的にオープンな政策環境を志向して次のステップでの国際競争力を高めるべきである。東アジアはこれまでもそうしてきたし，今回の危機に際してもその改革能力を発揮しなければならない。本書が訴える保護主義への対抗と経済統合の推進は，ポスト COVID-19 を見据えた時にさらに重要となってくるはずである。

注
1）たとえば Baldwin（2020）参照。
2）Obashi（2010），Ando and Kimura（2012），Okubo, Kimura and Teshima（2014）参照。
3）Kimura（2020）参照。
4）Obashi and Kimura（2020）は，国別・業種別の工業用ロボット導入のデータと国際貿易統計を用い，東アジアにおいては新興国・発展途上国側のロボット導入が，越境サービス貿易比率とあいまって，IPNs の維持・拡大に寄与していることを示した。

参考文献
Ando, M. and F. Kimura（2012），"How Did the Japanese Exports Respond to Two Crises in the

International Production Networks? The Global Financial Crisis and the Great East Japan Earthquake," *Asian Economic Journal*, 26 (3), pp. 261-87.

Baldwin, R. (2016), *The Great Convergence: Information Technology and the New Globalization*, Cambridge, MA: Belknap Harvard University Press.

Baldwin, R. (2020), "The Greater Trade Collapse of 2020: Learnings from the 2008-09 Great Trade Collapse," *VOX CEPR Policy Portal*, 7 April. https://voxeu.org/article/greater-trade-collapse-2020 (accessed 15 May 2020).

Jones, R. W. and H. Kierzkowski (1990), "The Role of Services in Production and International Trade: A Theoretical Framework," in R. W. Jones and A. O. Krueger (eds.), *The Political Economy of International Trade: Essays in Honor of Robert E. Baldwin*, Basil Blackwell, pp. 31-48.

Kimura, F. (2020), "Exit Strategies for ASEAN Member States: Keeping Production Networks Alive Despite the Impending Demand Shock," ERIA Policy Brief, No. 2020-03 (May). https://www.eria.org/research/exit-strategies-for-asean-member-states-keeping-production-networks-alive-despite-the-impending-demand-shock/ (accessed on May 29, 2020).

Obashi, A. (2010), "Stability of Production Networks in East Asia: Duration and Survival of Trade," *Japan and the World Economy*, 22 (1), pp. 21-30.

Obashi, A. and F. Kimura (2020), "New Developments in International Production Networks: Impact of Digital Technologies," Forthcoming in ERIA Discussion Paper Series.

Okubo, T., F. Kimura and N. Teshima (2014), "Asian Fragmentation in the Global Financial Crisis," *International Review of Economics and Finance*, 31, pp. 114-27.

（木村　福成）

索　引

執筆者紹介（執筆順）＊は編著者

＊**木村 福成**（きむら・ふくなり）　　第1章・第3章・終章
慶應義塾大学経済学部教授

阿部 顕三（あべ・けんぞう）　　　　　　第2章
中央大学経済学部教授

湯川　拓（ゆかわ・たく）　　　　　　　第4章
東京大学大学院総合文化研究科准教授

清水 一史（しみず・かずし）　　　　　　第5章
九州大学大学院経済学研究院教授

椎野 幸平（しいの・こうへい）　　　　　第6章
拓殖大学国際学部准教授

春日 尚雄（かすが・ひさお）　　　　　　第7章
都留文科大学教養学部地域社会学科教授

Cao Thi Khanh Nguyet　　　　　　　　第8章
関西学院大学経済学部専任講師

編著者紹介

木村 福成 （きむら・ふくなり）

1958 年生まれ。東京大学法学部卒業。ウィスコンシン大学経済学部大学院博士課程修了（Ph.D.）。現在，慶應義塾大学経済学部教授，東アジア・アセアン経済研究センター（ERIA）チーフエコノミスト。主要著書に，『日本通商政策論』（共編著，文眞堂，2011 年），『通商戦略の論点』（共編著，文眞堂，2014 年），『東アジア生産ネットワークと経済統合』（共著，慶應義塾大学出版会，2016 年），『国際経済学のフロンティア』（共編著，東京大学出版会，2016 年），『揺らぐ世界経済秩序と日本』（共編著，文眞堂，2019 年）など。

これからの東アジア
——保護主義の台頭とメガFTAs——

2020 年 9 月 30 日　第 1 版第 1 刷発行　　　　　　　検印省略

編著者　　木　村　福　成

発行者　　前　野　　　隆

発行所　株式会社　文　眞　堂
東京都新宿区早稲田鶴巻町 533
電　話 03（3202）8480
F A X 03（3203）2638
http://www.bunshin-do.co.jp/
〒162-0041 振替00120-2-96437

製作・モリモト印刷
©2020
定価はカバー裏に表示してあります
ISBN978-4-8309-5098-8　C3033

グローバル化の潮目が変わったのか？

揺らぐ世界経済秩序と日本　反グローバリズムと保護主義の深層

馬田啓一・浦田秀次郎・木村福成・渡邊頼純 編著

ISBN978-4-8309-5054-4　A5判・258頁　本体2800円＋税

　反グローバリズムと保護主義の台頭によって世界経済秩序が大きく揺らいでいる。先行きが不透明となった世界経済の潮流をどう読み解くか。本書は，長期化する米中貿易戦争の危うい構図，混迷する英国のEU離脱（ブレグジット），機能不全に陥ったWTO，きしむ国際政策協調など，焦眉の問題を取り上げ，揺らぐ世界経済秩序の現状と課題について考察。

アジアの経済統合が直面する焦眉の課題を鋭く分析！

アジアの経済統合と保護主義　変わる通商秩序の構図

石川幸一・馬田啓一・清水一史 編著

ISBN978-4-8309-5052-0　A5判・235頁　本体2800円＋税

　トランプ米大統領により保護主義の嵐が吹き荒れる中，アジアの経済統合は果たして自由貿易体制を守る防波堤となれるか。米中貿易戦争などで揺らぐアジアの通商秩序，CPTPP，RCEP，ASEAN経済共同体2025，一帯一路構想など，アジアの経済統合が直面する焦眉の課題を鋭く分析。アジアを学ぶ学生，アジアビジネスに携わる関係者にとって必読の書。

気鋭の研究者たちが様々な論点から検討！

アジアダイナミズムとベトナムの経済発展

山田　満・苅込俊二 編著

ISBN978-4-8309-5071-1　A5判・296頁　本体3200円＋税

　ここ50年間で，他のどの地域よりも際だった発展を遂げたアジアだが，世界的な貿易摩擦の激化，中国経済の成長力の弱まりなど，取り巻く環境は大きく変化している。地域全体で発展を遂げるアジアのダイナミズムは今後も維持されるのか。現在，最も勢いのあるベトナムを中心として，気鋭の研究者たちが様々な論点から検討する。

気鋭の専門家による「一帯一路」研究の決定版！

一帯一路の政治経済学　中国は新たなフロンティアを創出するか

平川 均・町田一兵・真家陽一・石川幸一 編著

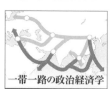

ISBN978-4-8309-5046-9　A5判・268頁　本体3400円＋税

　中国の提唱する「一帯一路」構想は参加国が70を超え，マレーシアは中止プロジェクトを再開し，EUからはイタリアが参加を決めた。だが「債務の罠」など強い批判もある。壮大な「一帯一路」構想の全体像を，ASEAN，南アジア，欧州，アフリカなどの沿線国の現状，課題を含めて総合的に把握する。新たなフロンティアであるインド太平洋構想も考察。